기회는 준비된 자의 것이고
준비된 선수가 되기 위해서는
결과를 내기 위한 힘든 과정을 즐길 줄 알아야 한다.

MESSI
10

아르헨티나 유소년 축구 체험기

무엇이 세계 최고 선수를 만드는가

아르헨티나 유소년 축구 체험기

무엇이 세계 최고 선수를 만드는가

박민호(레오) 지음

머 리 말

20대 초반, 좋은 지도자가 되고 싶어 무작정 한국 반대편에 있는 아르헨티나까지 온 나……. 어느덧 10년이 흘렀다.

책을 쓰면서 축구선수를 처음 꿈꿨던 그 시절부터 축구지도자가 되기까지 긴 여정이 머릿속을 스쳐 지나갔다. 나는 축구선수에 모든 걸 걸었고, 그 노력이 꿈꾸던 결과를 내지는 못했지만, 그 경험을 발판삼아 다른 꿈을 꿀 수 있었다. 혈혈단신 건너간 아르헨티나에서 새로운 도전을 했고, 어려운 일도 많았지만, 인생의 제2막을 열 수 있었다.

지금 와서 보니 그 결정은 정말 20대의 패기와 용기가 만들어낸 것이며, 그 과정은 나에겐 무엇과도 바꿀 수 없는 값진 경험이었다. 이제는 책을 통해 내가 10년 동안 아르헨티나에서 보고 느낀 것을 고국에 계신 분들과 공유하고 싶다. 이 또한, 나에게 새로운 도전이었다.

축구 강국 아르헨티나에서 지도자 및 축구 관련 일을 하면서 보낸 10년이라는 시간을 이 책을 통해 이야기할 수 있어서 행복하고 감사하다. 아르헨티나에서 일하면서 왜 아르헨티나가 축구 강국이 되었고 세계적인 스타플레이어를 많이 배출했는지 알게 되었다. 나도 그들처럼 좋은 선수를 키우려고 노력하고 있다.

이 책의 내용이 축구선수나 지도자를 꿈꾸는 분들에게 도움이 되길 바라며, 나 역시 어린 선수들이 성장할 수 있는 환경을 만들 수 있도록 최선을 다할 것이다.

박민호(레오)

차례

1장
아르헨티나 축구지도자 유학을 결심하기까지

2장
아르헨티나는 어떻게 선수를 키우는가

3장
아르헨티나 축구지도자의 철학

4장
아르헨티나의 축구 열기

5장
한국 축구와 아르헨티나 축구의 차이

6 장
행복한 축구를 위하여

1장

아르헨티나 축구지도자 유학을 결심하기까지

한국의 축구선수 생활

내 축구 인생의 첫 시작은 1994년 초등학교 4학년 때였다. 어릴 때부터 운동을 좋아했고, 당시 「마지막 승부」라는 농구 드라마가 한창 인기가 있어서 나도 잠깐이나마 농구선수를 꿈꿨다. 하지만 신체 조건이 따라주지 않아서 농구를 그만뒀고, 반 친구들보다 잘했던 축구로 눈을 돌렸다. 금세 축구에 빠진 나는 어머니에게 축구선수가 되고 싶다고 말씀드렸는데, 아버지와 어머니 모두 전문적으로 축구를 배우는 건 반대하셨다. 그도 그럴 것이 초등학교 2학년부터 계속 반장을 해왔던 터라 부모님은 축구보다는 공부를 하길 원하셨다. 취미로 운동을 한다면 7살부터 해왔던 태권도를 했으면 하는 바람이셨다. 그러나 학교에서 축구 경기가 열릴 때마다 늘 리더였던 나는 축구를 할 때 가장 행복했기에 축구선수의 꿈을 포기할 수 없었다.

1년 내내 나는 부모님에게 틈날 때마다 말씀드렸고, 그 결과 정식 축구부는 아니지만, 차범근 축구교실이라는 곳에 다닐 수 있었다. 집 근처 학교에 축구부가 있다는 얘기는 들었지만, 어머니는 날 축구선수로 키울 생각이 없어서 취미반을 운영하는 차범근 축구교실로 보낸 것이다. 지금은 취미로 축구를 배울 수 있는 클럽이 많지만, 1990년 초에는 그런 곳이 많지 않아서 은평구 구파발에 있는 운동장까지 가서 축구를 배웠다. 그곳은 마포구 성산동에 있는 우리 집에서 너무 먼 곳이었지만, 부모님은 맞벌이라서 날 운동장까지 데려다주실 상황이 아니었다. 어쩔 수 없이 버스와 지하철을 갈아타고 다녔다. 부모님은 내가 통학에 지쳐서 축구 그만두겠다고 말하기를 은근히 기다렸다. 하지만 나는 절대로 축구를 그만둘 생각이 없었다. 초등학교 4학년이었지만, 축구 유니폼을 입고 축구 가방을 메고 다니는 것만으로도 프로 선수가 된 마냥 의기양양했다. 축구 훈련이 있는 날은 아예 아침부터 유니폼을 입고 등교했다. 일주일에 2~3일은 방과 후 축구교실에 가서 재미나게 축구를 배웠다. 처음엔 나 혼자 다니다가 같은 반 친구들을 한 명 한 명 끌어들였다. 그리고 친구 5명과 함께 1년 동안 축구를 즐겁게 배우러 다녔다.

축구교실에서는 일주일에 한 번씩 각 지역에서 잘하는 선수들만 뽑아서 엘리트반을 만들었는데, 일요일 오전에 가끔 차범근 감독님이 오셔서 내가 속한 반을 직접 지도해주셨다. 그분이 가르쳐주신 드리블 훈련이 아직도 기억에 생생하다. 행복한 나날이었고 매주 축구 하는 날만 손꼽아 기다렸다.

차범근 축구교실에서 열심히 훈련하고 시합하다 보니 어느 날 엘리트 축구부로 갈 기회가 찾아왔

다. 당시 차범근 축구교실에서 초중고 축구부 창단을 했는데, 내가 초등학교 축구부 선수로 뽑힌 것이다. 그러나 거기 가려면 멀리 전학해야 하고, 날마다 축구를 해야 하는 부담이 있어서 부모님은 날 보내지 않았다. 대신, 집 근처 축구부에 등록해주신다고 했다. 집 근처에는 서강, 창서, 신북 초등학교가 있었다. 나는 세 곳에 다 가서 테스트를 받았고 운 좋게 모두 합격했다. 그중 서강 초등학교가 가장 마음에 들어서 5학년 2학기에 전학했다. 친구들과 헤어지는 건 아쉬웠지만, 그래도 차범근 축구교실에 같이 다녔던 친구 4명도 함께 전학해서 기뻤다. 당시 초등학교 축구부의 선수 수급은 아주 어려웠는데, 선수가 5명이나 알아서 찾아왔으니 그때 감독님은 다시 없는 행운이라고 생각했을 것이다.

그렇게 축구선수의 꿈을 향한 첫발을 내디뎠다. 부모님은 12살 어린아이의 행복을 조용히 지켜보며 지원해주셨다. 나의 포지션은 중앙 미드필더였다. 가장 자신 있는 자리였고, 감독님 또한, 그 자리에 내가 적격이라며 늘 그 포지션에 기용하셨다. 내 중앙 미드필더 자리는 포메이션에 따라 섀도 스트라이커나 사이드 미드필더로 가끔 바뀌기도 했지만, 고등학교까지 그 포지션을 줄곧 맡았다. 내가 날 지도했다고 해도 미드필더로 기용했을 것이다.

나와 같은 포지션에서 뛰는 프로 선수들을 유심히 보았다. 당시는 해외 축구 중계가 거의 없어서 한국 프로 축구를 봤는데, 특히 포항의 최문식 선수를 좋아했다. 그 선수의 플레이를 보고 늘 연구하며 배웠다.

운동을 다른 친구들보다 늦게 시작하다 보니 초등학교 시절에는 선배를 어려워해야 한다는 개념도 없었고, 마냥 즐겁게 축구만 했다. 나가는 대회마다 좋은 성적을 내고 우승도 하면서 축구선수를 향한 나의 꿈은 더 커져만 갔다. 그렇게 초등학교를 별 탈 없이 좋은 기억만 안고 졸업했는데, 중학교에 입학하니 와!! 장난이 아니었다. 우선 합숙소 생활을 해야 한다는 점이 힘들었다. 부모님과 떨어져 생활하는 것도 생소했지만, 선후배 사이의 엄격한 규율과 구타, 지도자의 특이한 언행이 날마다 나를 괴롭혔다. 내 성격상 부모님에게 시시콜콜 이야기하진 않았지만, 합숙소 생활은 지금 생각해도 교도소와 다를 것이 없었다. 그때는 축구선수가 되기 위해 무조건 참고 견뎌야 하는 일이라고 생각했지만, 성인이 되어서 되돌아보니 그런 내 생각이 얼마나 짧았는지 깨달았다. 13~15살 시기는 축구에 관한 것만으로도 노력하고 훈련해야 할 것들이 천지이다. 그런데 당시 중학교 축구부에선 축구 때문에 힘든 게 아니고, 합숙소 안에서 감독과 선배에게 날마다 욕설을 듣고 맞으면서 잡일까지 해야 해서 힘들었다. 1학년 때는 선배들의 유니폼과 양말을 손빨래했고 밤 10시부터는 3학년 선배를 한 시간 동안 마사지한 뒤에야 잘 수 있었다. 선배들은 감독이 없을 때마다 후배들을 집합시켜서 이유 없이 괴롭히고 때렸다. 감독보다도 선배가 더 무서웠고 복종할 수밖에 없었다. 캄캄한 합숙소 생활이 1년 365일 중 300일이나 이어졌다. 이런 환경에서 어떻게 좋은 선수가 나올 수 있는지 의문이었다.

중학교 3년을 보내면서 정말 많고 많은 일이 있었다. 대회에서 성적을 내서 트로피를 받는 기쁨도 맛봤지만, 아이들을 가르치는 지도자의 행동이 얼마나 중요한지 보고 들으면서 알 수 있었다. 생각나는 일화 하나를 소개하겠다. 당시 우리 팀에는 코치가 없어서 감독님 혼자 모든 지도를 도맡아 했다. 새 코치가 오더라도 석 달도 안 되어서 그만두기 일쑤였다. 감독님이 술을 너무 좋아하셔서 선수 관리나 지도에 늘 문제가 많았다. 그 당시 우리 팀의 훈련 일정은 월요일부터 금요일까지 똑같았다. 새벽 5시 30분에 일어나 6시부터 7시 30분까지 오전 훈련, 아침 먹고 학교 갔다가 3시 30분부터 6시까지 오후 훈련, 6시 30분에 저녁 먹고 7시 30분부터 9시까지 저녁 훈련. 이렇게 하루에 세 차례 훈련했다. 감독님은 오후 훈련만 봐주셨고, 새벽에 만취 상태로 합숙소에 와서 자고 있던 우리를 깨워 이른바 정신 교육을 했다. 추운 겨울에는 우리 옷을 홀딱 벗기고 운동장으로 집합시켜 뛰게 했고, 알몸으로 축구화만 신고 전술 훈련을 했던 적도 있다.

잠이 부족했던 그 시기에 감독의 그런 지시는 지금 보면 이해할 수 없고, 어린 선수에게 절대로 해서는 안 될 일이었다. 감독이 선수 관리를 제대로 안 하니까 축구부 안에서는 선배들의 도 넘은 규율 강요와 구타가 이어졌다. 지도자부터 운동장에서 선수의 빰을 때리고 발로 걷어차는 행동을 하다 보니 어린 나이의 선배들도 그대로 배웠다. 후배를 도와주거나 잘 챙기는 선배는 드물었다. 초등학교 때 성적도 좋고 잘했던 우리가 왜 이런 학교로 오게 되었는지 의아했다. 결국, 초등학교에서 같이 올라왔던 친구 4명 중 3명은 욕설과 구타를 견디지 못하고 입학한 지 1년도 안 되어 운동을 그만두었다. 순진했던 나는 축구선수의 꿈을 위해선 뭐든 이겨내야 한다고 믿고 그 예민한 사춘기에 꾹 참고 운동만 했다.

중학교 때 받았던 훈련을 생각해보면 늘 같은 패턴이었다. 개인 기량 향상보다는 체력 훈련에 집중해서 상대 팀보다 더 많이 뛰게 하는 게 전부였고, 부족한 모습을 보이면 훈련 중에도 감독에게 맞는 것이 일상이었다. 그러다 보니 운동장 안에서도 선수들이 자신 있는 플레이보다는 감독 눈치 보기 바빴다. 패스할지 드리블할지조차 스스로 생각해서 선택하는 게 아니라 운동장 옆에서 고함치는 감독을 보고 지시에 따르는 경우가 많았다. 성인이 되어 지도자를 해보니 그 감독님은 지도자 자질도 없었고, 노력도 안 하는 분이었음을 알 수 있었다. 훗날 금품 비리에 연루되어 학교에서 쫓겨났다는 이야기를 들었다. 그 예민한 중학생 나이에 욕설로 선수들 기죽이는 지도자 말고, 선수와 소통하고 시범을 통해 제대로 가르쳐 주는 지도자를 만났으면 어땠을까 하는 생각이 든다.

힘든 중학교 시절을 보내고 새로운 마음으로 서울공업고등학교에 입학했다. 중학교 때 나는 다른 선수들보다 성장이 조금 늦어서 키가 164cm 정도였다. 축구 지능과 기술로 차이를 메웠지만, 당시 감독님들은 하나같이 기술보다는 키 큰 선수를 선호했다. 그래서 나와 부모님은 내 키에 대해 걱정이 컸다. 다행히 중학교 졸업 후 그동안 쌓인 스트레스가 풀린 덕인지 키가 10cm나 자랐다. 너무 기뻤고, 마음고생 하셨던 부모님도 행복해하셨다. 그 모습이 아직도 눈에 선하다.

그렇게 고등학교 생활이 시작되었다. 중학교 때 너무 고생해서인지 고등학교 생활은 정말 천국 같았다. 선배들도 좋았다. 마음이 편하니 당연히 운동도 잘 되었고 감독님은 내가 1학년인데도 늘 기회를 많이 주셔서 2, 3학년 선배들을 제치고 서울시 대회 및 전국 대회에 출전해 많은 경기를 뛸 수 있었다. 감독님이 믿어주시니 나는 날마다 열심히 훈련했다. 하루 세 번 팀 훈련 이외에도 잠을 줄여가면서 개인 훈련을 빠짐없이 했다.

슛, 킥, 스피드 훈련 등등. 지금 생각하면 어떻게 하루에 운동을 네 번이나 했는지 모르겠다. 당시에는 경기 및 훈련 후 회복이 얼마나 중요한지 몰랐기에 무작정 모든 힘을 쏟아붓기만 했다.

2학년 때도 주전으로 자리 잡아 3학년 선배들과 함께 모든 경기에 나갔다. 키도 더 크고 몸에 힘이 생기니 플레이에 늘 자신이 있었다. 내 축구 인생 중 가장 행복한 시기였다. 아무런 걱정 없이 축구를 할 수 있다는 것만으로 즐거웠다. 이렇게만 하면 언젠가 멋진 프로 선수가 될 수 있겠다고 생각했다.

고교 3학년이 될 무렵, 학교에서 지도자 관련해서 문제가 자주 터졌다. 새로 오는 코치마다 권위적인 감독님과 부딪쳐서 한두 달 못 가서 그만두거나 해임당하는 일이 잦았다. 한국에서 고3이면 대학 진학이 걸려 있는 중요한 시기이다. 운동에 전념할 시기에 늘 이상한 소문이 돌았고, 결국, 5월에 축구부에서 입시 비리 문제가 터지고 말았다. 그 사건 탓에 학교 측은 감독을 해임했고, 훈련은 지도자 없이 개인 훈련으로 진행할 수밖에 없었다. 후배들은 하나둘 전학을 갔고 팀은 금세 쑥대밭이 되었다. 학교가 팀을 해체한다는 말까지 나오자 학부모님들이 교장 선생님을 찾아가서 겨우 막았다. 한 달 뒤 새 감독이 오긴 했다. 그러나 다른 학교 선수들의 대학 진학이 결정되고 있던 시기에 우리를 처음 보는 감독이 갈 곳을 알아봐 주진 못했다. 당연히 대학 진학은 어려웠다. 노력의 대가가 이런 것이었나 하고 실망했다. 이제 더는 축구를 할 수 없겠다고 생각했다.

부모님도 심려가 컸다. 축구계에 지인도 없어서 뾰족한 수가 없었다. 새 감독과 면담하신 뒤에는 고민이 늘어났다. 주말에 외박을 받아 부모님과 진로에 관해 이야기했다. 부모님은 새 감독의 제안을 말씀하셨다. 대학에 가려면 돈이 3천에서 7천만 원 정도 필요하다고 했단다. 그 당시 우리 집은 그만한 여유도 없었고 나 또한, 그런 돈을 내고 갈 바에는 운동을 그만두겠다고 딱 잘라 말해버렸다. 어느 부모님이든 그런 상황이면 다 같은 마음일 것이다. 자식을 위해서라면 무엇이든 해주고 싶지만, 형편이 안 되어서 못 해줄 때의 미안함. 집안 형편을 알고 있던 나는 미리 말해서 부모님의 고민을 덜어드리고 싶었다. 운동은 고등학교까지만 하고 그 이후에는 부모님에게 손 벌리지 않고 살겠다. 그렇게 말씀드리고 얼마 남지 않은 고교 시절을 보내며 마음을 정리했다. 그러던 중, 학교 선배의 부모님이 모 지방 대학의 감독님을 소개해주셨다. 운 좋게 그 대학 축구부에 들어갈 수 있었지만, 막상 가보니 선수 관리나 훈련 등 모든 부분에서 내가 기대했던 것과는 너무 달랐다. 감독과 선배 문제로 운동을 그만두는 선수가 많아서 훈련할 분위기가 조성되지 않았다. 한두 달 지내보니 이건 아니라는 생각이 들어서 감독님에게 정중히 그만두겠다고 말씀드리고 짐을 싸서 집으로 돌아왔다. 감독님은 일주일 시간을 줄 테니 다시 생각해보라고 말씀해주셨지만, 나는 매 순간 간절한 마음으로 열심히 했기 때문에 현실을 빨리 파악할 수 있었다. 축구화만 신었을 뿐이지 대학에서 허송세월할 뿐이라고 판단했다. 남의 이야기에 영향을 받지 않고 오로지 나만을 위해 결정했다.

축구선수 하고 싶다고 부모님을 조른 끝에 축구화를 신었던 초등학교 시절부터 행복한 기억들이 주마등처럼 스쳐 지나갔다. 그렇게 원했던 프로 축구선수는 되지 못했지만, 후회 없이 노력했다. 축구는 혼자 열심히 한다고 되는 게 아니구나 하는 생각이 들었다. 그래서인지 축구화를 벗는 순간은 마음이 그냥 덤덤했다. 2004년 스무 살 나이였다.

집에 와서 부모님에게 내 결정을 말했다. 뜻밖의 말에 부모님은 날 많이 혼내실 줄 알았는데, 아버지와 어머니는 날 꼭 안아주시며 이렇게 말씀하셨다.

"아들, 네가 지금 한 선택에 후회는 없겠어? 아빠 엄마는 괜찮아. 너는 누구보다 노력했잖아. 넌 뭐든 잘할 테니까 너무 걱정하지 마. 그동안 고생했어!"

이 말을 듣자 그동안의 마음고생과 서러움이 밀려와서 얼마나 펑펑 울었는지 모른다.

지도자가
되겠다는 결심

축구선수의 삶은 조용히 마무리했다. 이제 새로운 도전을 하고 싶었고 이번엔 꼭 승리자가 되고 싶었다. 일주일을 생각한 끝에 부모님에게 축구지도자를 하겠다고 말씀드렸다. 부모님은 그동안 지도자의 좋지 않은 모습을 너무 많이 보셔서 다른 길로 갔으면 하셨다. 부모님의 마음은 이해했지만, 나는 지도자를 잘못 만난 아픔이 있어서 오히려 좋은 지도자가 되고 싶은 갈증이 있었다. 아이들을 직접 가르치며 경험을 쌓고 싶은 마음에 초등학교 축구부에 코치로 들어갔다. 한창 선수로 뛸 나이에 코치를 시작해서 주위에서 우습게 볼 수도 있었지만, 다른 친구들보다 일찍 취업했다는 것을 위안으로 삼았다. 항상 잘하고 싶었고, 아이들에게 필요한 것을 줄 수 있는 지도자가 되고 싶었다. 아이들이 앞으로 올바르게 성장하려면 어떻게 해야 하고 뭘 가르쳐야 하는지 연구하면서 해답을 찾으려고 했다. 아이들과 소통하며 지도하는 일은 행복했다. 그러나 축구 지도 일과는 별개로 선수 부모님들과 술자리 등 나랑 맞지 않는 일들이 잦다 보니 몸과 마음이 망가져서 점점 힘겨워졌다.

대한축구협회에서 주관하는 지도자 3급 자격증을 딴 뒤, 이왕 지도자를 시작한 바에는 아예 한국보다 더 큰 무대로 가보자는 생각이 들었다.

현대 축구는 계속 바뀌고 있는데, 내 경험과 자격증만으론 부족하다고 느꼈기 때문이다. 다양한 색깔의 선수와 좋은 팀을 만들기 위해서는 더 많은 경험과 공부가 절실했다.

내 결론은 축구 선진국으로 가는 것이었고 진지하게 내가 갈 수 있는 나라를 찾아봤다. 과연 어느 나라를 가야 내가 원하는 경험을 쌓을 수 있을까? 부모님은 내가 태어나기 전에 파라과이로 이민했던 적이 있다. 원래는 나를 브라질에서 낳을 생각이셨는데 어머니가 향수병이 생겨서 이민한 지 6개월 만에 한국으로 돌아왔고 난 이곳에서 태어났다. 그 당시 친척들은 브라질에서 자리 잡았기 때문에 내가 어릴 때도 브라질에 가서 축구 할 기회는 있었다. 그러나 부모님은 나를 보내지 않았고, 다른 나라로 가서 축구지도자까지 하겠다고 하니 더 반대하셨다. 부모님은 내가 다른 분야로 가기를 바라셨지만, 나는 굽히지 않고 구체적인 계획안을 만들어서 보여드렸다. 내가 직접 돈을 벌어서 군 제대 후 가겠다고 하니 부모님은 네 힘으로 갈 수 있다면 그렇게 해보라고 허락해주셨다. 스무 살짜리 애에겐 실현 불가능한 목표라고 생각하셨을지도 모른다.

허락받은 뒤, 먼저 어느 나라로 갈지 고민했다. 친가 식구들이 브라질과 파라과이에 살고 있었지만, 오랫동안 연락 안 하다가 이제 와서 도움을 청하는 건 부담스러웠다. 또한, 나는 어린 시절부터 브라질이나 파라과이보다는 마라도나의 나라 아르헨티나에 더 끌렸다.

그동안 한 번도 연락하지 않았던 남미의 사촌들에게 연락한다는 것은 정말로 어려운 일이었지만, 나는 용기를 내서 그분들에게서 아르헨티나의 정보를 얻었다. 그러다 작은아버지가 아르헨티나에서 성악가로 활동

중이라는 얘기를 듣고 바로 연락을 드렸다. 작은아버지는 나를 한 번도 본 적이 없으신데도 아르헨티나에 오면 도와주겠다고 답해주셨다. 드디어 아르헨티나로 갈 계획을 잡고 준비했다.

일단 돈이 필요했다. 항공료부터 아르헨티나에서 지낼 생활비를 모아야 했다. 당시 초등학교 축구부 코치 월급으로는 도저히 모을 수 있는 돈이 아니라서 감독님에게 말씀드리고 학교에서 나왔다. 그리고 온갖 일을 다 해가며 군대 가기 전까지 돈을 필사적으로 모았다. 도시락 배달, 호프집 서빙, 인터넷 쇼핑몰 직원, 휴대폰 판매원, 오락실 직원 등 다양한 업종에서 그동안 겪지 못했던 사회경험을 했다. 돈도 돈이었지만, 축구밖에 몰랐던 나에겐 소중한 경험이었다. 아르바이트에 더해 새벽과 저녁 시간에는 아이들에게 축구를 가르치는 개인 교습 코치 일까지 하니 한 달에 300만 원 가까이 벌기도 했다. 스무 살 나에겐 아주 큰 돈이었고, 이렇게만 하면 2년 뒤 아르헨티나에 갈 수 있겠다는 생각에 뿌듯하고 행복했다.

그렇게 돈을 모은 뒤 병역을 미리 해결하려고 군대에 갔다. 입대 전부터 나에겐 제대 후에 아르헨티나로 간다는, 명확한 목표가 있었기에 군 생활 2년 동안 스페인어 공부에 주력했다. 군 생활을 하면서 공부한다는 것이 예상보다 어려웠지만, 자대 배치를 받은 뒤부터 나는 선임들의 눈을 피해 스페인어 단어를 외웠고, 일병이 되었을 때는 야간 취침 시간 이후 매일 1시간 30분 정도 공부하고 잤다. 다행히 내 보직이 소규모 부대의 취사병이었기 때문에 다른 일반 병사들보다는 일과가 불규칙하지 않아서 나만 부지런하면 공부할 수 있는 시간이 있었다. 제대하는 날짜만 기다리며 열심히 준비했고, 말년 휴가 때는 아르헨티나행 항공권을 알아보며 2년간의 군 생활을 마무리했다.

군대 가기 전에 돈을 버는 족족 아침 일찍 은행에 가서 저금했는데, 어린 나이에 은행에 자주 오는 내가 궁금했는지 어느 날 은행 과장님이 나에게 커피 한 잔 타주면서 돈의 출처를 물어봤다. 그 계기로 과장님과 친분이 생겼고, 과장님은 수익률 좋은 펀드 상품을 소개해주었다. 그분 권유대로 몇 가지 펀드에 분산 투자해놓고 군에 입대했는데, 제대하고 보니 30%의 수익률이 나와서 놀랐다. 제대하자마자 펀드에 넣어둔 돈을 뺐다. 찾은 돈 1700만 원 중 200만 원은 항공료로 쓰고, 나머지 1500만 원을 들고 2008년 내가 그토록 꿈꿔왔던 아르헨티나로 떠나게 되었다.

군에 있을 때 아르헨티나로 갈 날이 과연 올까 걱정했는데, 정말로 그 날이 온 것이다. 사랑하는 가족에게는 미안했지만, 나는 내 꿈을 이루고 싶었다. 가족의 배웅을 받으며 나는 비행기에 몸을 실었다. 혼자서 다른 나라를 가본 적이 없어서 비행기를 타는 순간부터 떨렸다. 혹시 무슨 일이라도 나서 못 가는 게 아닐까 불안했다. 인천 공항을 출발한 비행기는 캐나다 밴쿠버와 토론토를 거쳐 칠레 산티아고까지 경유를 세 번 하고서야 목적지인 아르헨티나 부에노스아이레스 공항에 도착했다.

아르헨티나 정착기

아르헨티나에 도착하고 가장 먼저 내가 한 일은 지도자 공부를 할 수 있는 축구 클럽을 찾는 것이었다. 1893년에 설립된 아르헨티나의 축구 리그는 남미에서 가장 오래되었고, 세계에서도 영국에 이어 오래된 리그 중 하나다. 마라도나, 메시, 바티스투타, 리켈메 등등 수많은 스타 선수가 나왔다. 아르헨티나에 와보니 축구의 나라답게 동네 곳곳에 축구 유니폼을 입고 축구 하는 아이들이 정말 많았다.

내가 머물 숙소로 이동하면서 눈에 들어온 풍경은 모든 것이 신기했다. 넓은 평야와 잔디, 공원에서 돗자리를 펴고 여유 있게 시간을 보내는 아르헨티나 사람들. 내 상상과는 많이 다른 모습이었다. 나중에 찾아보니 아르헨티나는 남미의 유럽이라고 한다. 문화적으로는 아르헨티나를 지배했던 스페인의 영향을 주로 받았지만, 이탈리아, 독일, 프랑스의 생활양식도 섞여 있다. 인구의 90%가 백인이고, 이민 국가답게 스페인, 이탈리아, 독일 등 다양한 민족들이 살고 있었다.

아르헨티나에 관해 잘 모르고 왔기에 직접 몸으로 부딪치면서 경험하자고 생각했다. 이 먼 곳까지 왔으니 1~2년 만에 한국으로 돌아가는 한이 있어도 최대한 많은 것을 보고 느끼자는 마음에 바쁘게 움직였다. 인터넷을 뒤져 아르헨티나 축구 클럽들의 주소를 찾았다. 나는 수많은 구단을 찾아다니며 한국에서 온 축구 코치라고 소개하고 축구 공부를 할 수 있는지 물어보았다. 동양인 남자가 난데없이 찾아와서 미숙한 스페인어로 제안하니 당연히 날 이상하게 보았다. 어떤 구단에서는 입구의 경비원이 나를 잡상인으로 보고 문전박대하기도 했다.

그래도 굴하지 않고 날마다 여러 구단을 찾아갔다. 훼로카릴오에스테FERRO CARRIL OESTE라는 아르헨티나 2부리그 팀에 찾아간 날이었다. 이번엔 말을 조금 바꿔서 경비원에게 난 한국에서 온 축구 코치인데, 유소년 축구 훈련을 구경할 수 있는지 물어봤다. 다행히 경비원 아저씨는 감독에게 직접 물어보라고 구단 안으로 나를 들여 보내주었다(아르헨티나의 모든 구단엔 입구에 경비원이 있는데, 사전에 약속된 사람만 들여보내 주기 때문에 이 과정에서 여러 번 퇴짜를 맞았다).

입구를 통과하면서 감독에게 말을 잘할 수 있을지 떨렸다. 조마조마하

훼로카릴오에스테 클럽의 엠블럼

게 감독을 만난 나는 스페인어로 인사하고 유소년 훈련을 참관할 수 있는지 물었다. 감독님은 훈련 시간표와 일주일 스케줄을 적어주며 와서 봐도 된다고 흔쾌히 하락해주셨다.

드디어 아르헨티나 유소년 축구선수들의 훈련을 직접 볼 기회를 잡았다. 날마다 공책과 스페인어 사전을 들고 축구장으로 출근했다. 좀 떨어진 곳에서 훈련을 지켜봤다. 그 당시 아르헨티나의 어느 구단을 가도 동양인은 단 한 명도 없었다. 그러다 보니 어디를 가든 나를 쳐다보고 수군대는 모습은 일상다반사였다. 어른 아이 할 것 없이 "중국인이야, 일본인이야?" 하고 물었다. 매번 대답하기가 너무 귀찮아서 급기야 'Korea'라고 적힌 응원용 붉은 악마 티셔츠를 입고 다니기도 했다.

그렇게 두 달이 지나자 나는 유스팀 총감독에게 내가 아르헨티나에 온 까닭을 며칠 전부터 달달 외워둔 스페인어 문장으로 이야기했다. 매일 운동장에 오는 나에게 호기심이 있었던 감독님은 지구 반대편에 있는 한국에서 이곳까지 축구 공부하러 왔다는 내 이야기를 듣더니, 훈련을 더 가까이서 볼 수 있도록 코치들을 따라다닐 기회를 주셨다.

그리고 생활비를 벌기 위해 작은아버지에게 자문해 한인 타운에서 일자리를 찾아다녔다. 다행히 한국인 학교가 있었고, 그곳에서 토요일마다 오전에 아르헨티나 교민 아이들을 대상으로 한글을 가르치는 일을 찾을 수 있었다. 한국인 교장 선생님에게 간절히 기회를 달라고 말씀드렸더니 한 달간 수업하는 걸 보고 결정하겠다고 하셨다. 틈틈이 한국어 공부를 하면서 교민 아이들에게 한글을 가르쳤다. 한 달 후 정식 교사로 임명되었고 매주 토요일 오전 9시부터 오후 1시까지 4시간 동안 수업할 수 있었다. 그리고 토요일 오후 시간은 그냥 보내기 아까워서 교민 아이들을 대상으로 축구 교실을 열었다. 큰돈은 아니지만, 생활비를 충당하는 데 도움이 되었다. 누구의 도움 없이 내 힘으로 살기 위해 아끼고 또 아끼며 지냈다.

아르헨티나인의 생활방식

아르헨티나 사람들은 대체로 느긋하고 마음과 행동에 여유가 있다. 한국인이 볼 때는 너무 느긋해서 답답할 정도다. 한국인처럼 남보다 더 잘 먹고 잘살기 위해 눈에 불을 켜고 애쓰기보다는 자기가 가진 것에 만족하며 살아가는 이가 많다.

대형 마트를 제외한 상점들 대부분은 오전에 가게를 열었다가 점심시간부터 3~4시간 동안 문을 닫는다. 점심과 시에스타(낮잠)를 즐기기 위해서다. 그렇다고 쉰 시간만큼 더 장사하지도 않는다. 다시 열었다가 밤 8~9시쯤이면 문을 또 닫는다. 한국은 공휴일엔 어딜 가나 사람들로 북적이지만, 아르헨티나 거리는 쉬는 날 상점들이 문을 닫아서 조용하다. 아르헨티나인들은 집에서 아사도(아르헨티나식 소고기 요리)를 먹으며 가족이나 친구들과 시간을 보낸다.

아르헨티나인들의 사고방식을 느낄 수 있는 일화를 소개한다. 내가 아는 한국분이 아르헨티나의 먼 지방으로 여행을 떠났다. 1000km나 운전해서 지칠 대로 지친 그분은 잘 곳을 찾았다. 넓은 땅에 달랑 세 채의 원두막으로 지은 펜션이 보였고, 그곳 주인은 노을 지는 언덕 위에서 한가롭게 마테차를 마시며 일광욕을 즐기고 있었다. 주인에게 하루 머물 방

이 있느냐고 물어봤지만, 예약이 다 차서 방이 없다고 했다. 다른 곳을 알아보려고 돌아서려는 차에 한국인다운 궁금증이 생겨 주인에게 이렇게 물어봤다고 한다.

"이 넓은 땅에 펜션을 왜 세 채밖에 안 지었나요? 펜션과 편의시설을 더 지으면 지금보다 돈을 많이 버실 수 있을 텐데요."

주인은 이렇게 대답했다.

"뭘 위해서요? 난 내가 먹고살 만큼만 일해요. 이 세 채만 가지고도 1년 내내 먹고 사는 데 지장 없습니다."

대답을 들은 지인은 뺨을 한 대 맞은 것 같았다고 한다. 난 왜 그렇게 살지 못할까 하는 생각을 하셨단다.

몇십 년 된 자동차를 끌고 다니면서도 남의 눈치를 보지 않고 사는 아르헨티나 사람들. 좋은 차, 좋은 옷, 좋은 집에 살면서도 늘 남과 비교하며 내 행복보다는 보여주기에 급급한 일부 한국 사람들……. 축구도 마찬가지라고 생각한다.

축구화를 뭐 신는지, 유니폼을 뭘 입는지, 어떤 용품을 쓰는지 겉모습에 너무 연연한다. 거기에 부모가 어떻게 밀어주느냐에 가는 학교가 달라지기도 한다. 하지만 아르헨티나는 오직 축구만이 있다. 축구 하나로만 승부를 보는 곳이다. 그만큼 냉정하고 정직하다.

축구장 밖에서보다는 축구장 안에서 살아남기 위해 모든 것을 걸고 치열하게 뛰는 아르헨티나 선수들, 외부에 보여주기 위한 환경과 시스템에서 수동적으로 뛸 수밖에 없는 한국 선수들.

그동안 아르헨티나가 배출한 세계적인 선수들을 보면서 이제 우리나라도 누구에게 보여주기 위한 축구가 아니라 축구를 진심으로 사랑해서 하는 사람들이 늘어났으면 좋겠다.

2장

아르헨티나는 어떻게 선수를 키우는가

아르헨티나의 연령별 선수 육성 시스템

날마다 다양한 연령대의 코치들을 따라다니며 그들이 아이들을 지도하는 방법을 보고 기록했다. 한국과는 다른 부분이 당연히 내 눈에 들어왔고, 특히 훈련 분위기와 시스템이 인상적이었다.

육성 세대에선 팀마다 코치 2~3명이 붙어 아이들을 지도한다. 초중고 시절을 돌이켜보면 초등학교 감독님은 20명쯤 되는 아이를 혼자 지도하셨고, 중학교 감독님은 1, 2, 3학년 다 합해 40명 정도 되는 선수를 혼자 지도하셨다. 고등학교에서는 코치님이 따로 계셔서 감독과 코치 두 분이 40명 정도 되는 선수를 지도하셨다. 한국에서는 역할 분담을 할 수 있는 여건이 아니라서 훈련은 진학을 앞둔 고학년 위주로 진행되었다. 요즘은 한국도 학년별로 코치를 두는 학교도 있고, 프로 산하 유스팀들은 체력을 관리하는 피지컬 코치도 있다고 하는데, 내가 다닐 땐 피지컬 코치가 따로 있는 학교가 하나도 없었다. 아르헨티나 구단들은 유소년팀부터 성인팀까지 코치진을 통합 관리하며, 유소년과 청소년팀에서는 감독, 코치, 피지컬 코치 이렇게 세 사람이 한 팀으로 구성되어 연령별로 30~35명의 선수를 지도한다. 골키퍼는 골키퍼 코치가 따로 데리고 가서 훈련을 시킨다.

아르헨티나 구단들은 육성 세대를 나이에 따라 크게 둘로 나눈다. 만 8~13세를 유소년Infantil, 만 14~19세를 청소년Juvenil으로 나눈다. 인판틸Infantil이라고 부르는 유소년 연령대는 U-8, U-9, U-10, U-11, U-12, U-13 이렇게 한 살 단위로 팀을 나누어 훈련하고 주말 리그도 구분해서 참가한다. 팀마다 연령별 선수들이 많아서 주전 경쟁이 치열하다. 월요일부터 목요일까지 훈련하고 토요일이나 일요일에 주말 리그에 나가는데, 금요일에 담당 코치가 한 주 동안의 상태를 보고 출전 명단을 발표한다.

같은 나이의 선수로 구성된 팀이라도 선수가 많다 보니 실력에 따라 A팀, B팀, C팀으로 나뉘고, A팀은 AFA(아파), B팀은 Liga Metropolitana(리가 메트로폴리타나), C팀은 Liga Argentina(리가 아르헨티나)에 나가는 식으로 뛰는 무대가 갈린다. 보통 A팀과 B팀 선수들은 함께 훈련하며, 실력이 떨어지는 C팀 선수들은 따로 훈련한다. 그러나 C팀 선수라도 기량이 좋아진다면 A, B팀 선수들과 함께 훈련할 기회를 주고, 경쟁력이 있다고 판단되면 다음 시즌에 상위 리그에서 뛸 수도 있다. 아르헨티나 유소년 선수들이 뛰는 무대에 관해 정리하면 다음과 같다.

유소년(인판틸) 선수가 참가하는 리그

리그명	참가 연령	수준	주관
AFA (축구협회 리그)	만 11~13세	A	아르헨티나 축구협회
Liga Metropolitana (수도권 리그)	만 8~13세	B	지역 축구협회
Liga Argentina (지역 리그)	만 8~13세	C	지역 축구협회

- 리그 안에서 다시 한 살 단위로 나뉘어 같은 나이끼리 경기한다.
- 같은 지역의 팀들과 리그 경기를 한다.
- AFA 리그는 수도인 부에노스아이레스에서 반경 70km 이내에 있는 지역 팀들로 구성되며, AFA 리그에 참가하는 유소년팀은 지역별 4그룹 총 78개 팀 정도가 있다.
- 리그는 3월 말에서 4월 초 사이에 시작되며 11월 중순까지 8개월 동안 매주 일요일에 경기한다.
- 한 해 25~30경기를 소화한다.

유소년팀 경기 시간 (일반 11대11 경기)

연령	경기 시간
만 8~11세	전 · 후반 25분씩 50분
만 12~13세	전 · 후반 30분씩 60분

아르헨티나 8세 선수들의 훈련 모습

청소년 연령대(만 14~19세)는 후베닐Juvenil이라고 하며, 후베닐부터 성인 카테고리는 다음과 같이 분류한다.

청소년(후베닐)과 성인 선수의 소속 디비전

<table>
<tr><th>참가 연령</th><th>디비전</th><th>경기 시간</th></tr>
<tr><td>만 14세</td><td>9부 리그 (Novena Division)</td><td>전 · 후반 35분씩 70분</td></tr>
<tr><td>만 15세</td><td>8부 리그 (Octava Division)</td><td>전 · 후반 40분씩 80분</td></tr>
<tr><td>만 16세</td><td>7부 리그 (Septima Division)</td><td rowspan="7">전 · 후반 45분씩 90분</td></tr>
<tr><td>만 17세</td><td>6부 리그 (Sexta Division)</td></tr>
<tr><td>만 18세</td><td>5부 리그 (Quinta Division)</td></tr>
<tr><td>만 19세</td><td rowspan="2">3 · 4부 통합 리그
(Cuarta Division)</td></tr>
<tr><td rowspan="3">만 20세 이상 성인
*1군은 1부, 2군은 2부,
나머지는 하부 리그에서 뛴다.</td></tr>
<tr><td>2부 리그 (Reserva Division)</td></tr>
<tr><td>1부 리그 (Primera Division)</td></tr>
</table>

- 한국처럼 대학 축구팀은 없으며 만 20세가되면 프로의 선택을 받아야 한다.
- 성인 리그는 외국 선수는 만 18세를 넘어야 뛸 수 있으며 아르헨티나 선수는 나이 제한이 없다.

청소년 연령대는 같은 디비전 안에서도 유소년 연령대처럼 수준에 따라 세 리그로 또 나뉜다.

청소년(후베닐) 선수가 참가하는 리그

리그명	참가 연령	수준
AFA	만 14~19세	A
Liga Metropolitana	만 8~16세	B
Liga Argentina	만 14~19세	C

- 리그 안에서 다시 한 살 단위로 나뉘어 같은 나이끼리 경기한다.
- AFA 리그는 매년 운영 방식이 변경될 수 있으며, AFA에 참가하는 청소년팀은 후베닐A(1부 유스팀) 30개 팀, 나씨오날B(2부 유스팀) 24개 팀, 리그 후베닐B(3부 유스팀) 20개 팀, 리그 후베닐C, D(4, 5부 유스팀) 34개 팀으로 2017년 기준 총 108개 팀이 있다.
- 리그는 3월 중순부터 시작되며 11월 말까지 토요일과 일요일에 경기를 치른다.
- 한 해 32경기 정도를 소화한다.
- 유소년과 청소년 리그에는 승강제가 없고, 성인팀의 성적에 따라 참가 리그가 바뀐다.

경쟁이 치열하지만, 모든 선수에게 뛸 기회를 줄 수 있는 점이 아르헨티나 선수 육성 시스템의 장점이다. 실력이 있는 선수는 수준 높은 리그에 나가고, 실력이 부족한 선수는 그에 맞는 리그에 나갈 뿐이다. 뛸 무대가 한정되어서 경쟁에서 밀리면 벤치만 달궈야 하는 한국의 학원 축구와는 사정이 다르다. 한국의 중고등학교 경기에선 진학을 앞둔 3학년 위주로 내보내는 게 다반사였다.

한국과 또 다른 점은 지도자의 지도 방법이었다. 많은 한국 지도자가 제자에게 하나라도 더 가르쳐주고 싶은 마음에 패스 자세부터 타이밍, 움직임, 드리블 등등 선수의 모든 동작에 관여하고 지시한다. 반면, 아르헨티나 지도자들은 기본 틀만 잡아주고 선수 스스로 기술과 움직임을 터득할 수 있게끔 생각할 수 있는 시간과 실전 경험을 제공한다. 숫자로 표현하자면, 한국은 지도자가 선수에게 1부터 10까지 모든 걸 가르쳐주면서 자신의 스타일에 맞추길 바라지만, 아르헨티나 지도자는 0부터 3까지 기본만 가르쳐주고 선수 스스로 훈련과 시합을 통해 기술을 익히고 성장하길 바란다.

그리고 아르헨티나에서는 유소년 선수들이 꼭 배워야 하는 것이 있다. 그건 바로 풋살이다. 한국과 달리 아르헨티나 선수들은 5~6살부터 풋살을 먼저 배운다. 나는 여기 와서 풋살을 처음 봤는데, 아이들이 하는 걸 보니 볼 감각, 기술을 익히기엔 무엇보다 좋은 스포츠라는 것을 느낄 수 있었다.

훼로카릴오에스테 클럽의 유소년 총감독이셨던 디에고 메이라마는 아르헨티나 지도자들이 왜 어린 선수들에게 풋살을 권장하는지 나에게 말씀해주셨다.

"어린 나이에 큰 축구공을 다룬다는 건 참 어려운 일이야. 축구장은 너무 커서 아이들이 뛰어다니기엔 힘들어. 아이가 기술 하나를 몸에 익히려면 하루에 볼 터치를 500회 이상은 해야 하는데, 실제로 축구장에선 공을 그렇게 많이 잡을 기회가 없지. 그러니 축구공보다 작은 공을 쓰고 경기장도 작은 풋살을 통해 공 다루는 기술과 감각을 어느 정도 익히고 축구장으로 오는 게 좋아. 아르헨티나는 동네마다 축구 클럽보다 풋살 클럽이 몇 배는 더 많고, 대부분의 선수가 어릴 때부터 풋살과 축구를 병행하며 꿈을 키우고 있어."

아르헨티나의 유소년 축구선수들은 거의 모든 선수가 축구와 풋살을 13세까지 병행한다. 유럽에선 유소년 선수들이 풋살보다는 7대7 경기를 많이 하지만, 아르헨티나에선 5대5 풋살 경기를 주로 한다. 어린 선수들이 시멘트 바닥으로 된 풋살 경기장에서 발로 유연하게 다양한 기술을 구사하고 골을 넣는 모습을 보면, 마라도나, 리켈메, 테베스, 캄비아소처럼 기술

좋은 선수들이 괜히 나온 게 아니란 생각이 든다.

아르헨티나에서 지낸 지 1년쯤 되었을 무렵, 나도 훼로카릴오에스테 성인 풋살팀에서 뛰었다. 경험만큼 좋은 공부는 없다고 생각했기에 디에고 감독님의 권유로 성인 풋살팀에서 테스트를 받았고, 합격해서 낮에는 지도자로 저녁에는 풋살 선수로 뛰면서 몸소 경험하며 배웠다.

아르헨티나의 성인 풋살팀들은 프로가 아닌 세미 프로이고, 선수들에게 돈을 주는 구단은 극소수이다. 대부분의 선수가 자기 일을 마친 뒤, 저녁 시간을 이용해 일주일에 세 번 훈련하는 게 고작이다. 이런 환경에서 아르헨티나는 2016년 풋살 월드컵에서 포르투갈, 브라질, 스페인 등 풋살 강국들을 제치고 우승했다. 풋살을 좋아하는 아르헨티나의 인프라가 만들어낸 작품이란 생각이 들었다.

아르헨티나 풋살 국가대표팀의 수석 코치는를 지낸 에스테반은 아르헨티나에서 나에게 많은 도움과 정보를 주셨던 분이다. 풋살 월드컵 우

풋살 구단 훈련장에 걸린 풋살 출신 스타 유니폼

아르헨티나 풋살 대표팀의 전 수석 코치 에스테반

승한 뒤, 그분 말씀을 들어보니 개개인의 기량은 풋살로 유명한 나라들이 더 좋았지만, 아르헨티나 선수들의 정신력과 이기려는 마음이 더 강했기에 우승할 수 있었다고 하셨다. 실전에선 멘탈이 무엇보다 중요하다는 이야기다.

다시 아르헨티나의 유소년 축구 이야기로 돌아오면, 한국보다 훈련량은 그리 많지 않다. 일주일에 2~3회 정도 팀 훈련을 하고, 주말에는 만 8세부터 리그 경기에 계속 나간다. 모든 리그 경기는 홈앤드어웨이 방식으로 진행되고, 리그 경기가 있는 날은 만 8세부터 13세까지 연령별로 경기가 진행된다.

아르헨티나는 마라도나, 메시, 베론 등 세계적인 선수들의 배출 국가이고, 아이들에게도 선망의 대상이다 보니 축구선수를 꿈꾸는 아이가 많다. 아르헨티나 축구협회에 등록된 유소년 선수 수가 2만8천 명이 넘는다. 훼로 팀에서 1년 동안 지켜보면서 느낀 건 아르헨티나에는 축구 잘하는 아이가 정말 많다는 것이다. 10~11살짜리 어린 선수가 패스하는 타이밍을 알고 경기를 읽으며 여유 있게 축구 하는 모습이 놀라웠다. 어떻게 저 나이에 저런 판단력을 갖추고 있을까? 내가 봐왔던 한국 10~11살 나이의 선수들은 그냥 공을 따라다니기에 급급한 모습이었는데……. 당시 현장에서 눈으로 확인하고 충격을 받았고, 일과를 마치고 집으로 돌아오는 길에 늘 내 머릿속에서는 어떻게 훈련해야 아이를 좋은 선수로 키울 수 있을지 고민이 더해졌다.

훼로 팀에 드나들며 열심히 공부한 지 1년이 지나자 나를 지켜본 디에고 메이라마 감독님이 어느 날 뜻밖의 제안을 하셨다. 훼로의 유소년팀 보조 코치로 일해볼 생각이 있느냐는 말씀이었다. 나는 생각할 것도 없이 그 자리에서 오케이 했고, 드디어 아르헨티나 유소년 축구를 제대로 경험할 기회를 잡았다.

그때부터는 훼로 팀의 로고가 새겨진 트레이닝복을 입고, 유소년 코치로서 아르헨티나 아이들을 지도할 수 있었다. 너무나 좋은 기회에 감사했고, 정말 값진 경험이라는 걸 잘 알았기에 최선을 다해 임했다. 아르헨티나 코치들과 하루, 일주일 훈련 프로그램을 짜면서 내가 할 수 있는 일에 집중했고, 어떤 교육과 훈련을 통해 좋은 선수가 많이 배출되는지 알려고 애썼다.

내가 코치가 되자 낯선 나라에서 온 동양인이 아르헨티나에서 코치를 한다고 구단 내에서 화제가 되었다. 이 기회에 박민호라는 내 이름은 아르헨티나 사람들이 부르기엔 어렵다 싶어서 "레오"라는 이름을 새로 달았다.

당시 나는 만 10~11살 선수들을 지도하는 보조 코치로 일했다. 유소년 선수들에게는 정확한 시범을 통해 이해하게 하는 것이 가장 올바르고 빠른 지도 방법이라고 생각했고, 그래서 훼로의 다른 코치들과 달리 늘 축구화를 신고 어떤 훈련이든 선수들과 함께했다. 이는 나에게 행운이었다. 당시 훼로 팀 유소년 코치들은 구단의 훈련 프로그램에 따라 지도하지 나처럼 직접 시범을 보여주며 올바른 자세까지 가르쳐주는 사람이 없었다. 그래서 감독님들은 유소년 선수 훈련장에 항상 나를 데리고 다니며 10~11살 선수들에게 드리블 방법이나 자세를 시범 보이게 했다. 한국과 유럽의 훈련 방법을 동영상으로 익혀왔던 나는 다양한 개인 기술 훈

훼로카롤오에스테 유소년팀 선수들

련 프로그램을 선보였는데, 그걸 구단이 좋게 봐주고, 아르헨티나 아이들과 부모님들도 좋아해 주셨다. 언어에서 어려움은 있었지만, 시범을 통해 그런 부분을 메울 수 있었고, 담당 감독님도 선수들에게 주문할 때, 일부러 나를 통해 선수들의 이해를 도왔기 때문에 나와 선수들 사이의 거리는 점점 가까워졌다.

디에고 메이라마 총감독님은 초보 지도자였던 나에게 이렇게 조언하셨다. 아르헨티나 선수들을 지도하는 데 첫 번째로 염두에 둬야 할 것은 선수들 의견을 들어줄 줄 아는 자세이고, 두 번째는 선수에게 정답을 가르쳐주기보다는 환경과 상황을 통해 선수 스스로가 정답을 찾을 수 있게 해야 한다는 말씀이었다. 그래서 나는 한국식 마인드를 최대한 내려놓고 아르헨티나 선수들에게 다가갔다. 당시 한국인 코치가 아르헨티나 아이들을 가르친다는 이야기가 클럽에서 화제가 되다 보니 내가 맡은 훈련 시간에는 선수 부모님들과 다른 연령대의 선수들까지 와서 호기심 어린 눈으로 구경했다.

나는 늘 한국과 아르헨티나 축구의 장단점에 관해 생각했고, 두 나라 축구의 장점 중 우리 선수에게 필요한 부분을 뽑아서 훈련에 적용했다. 훈련이 시작되자 아르헨티나 선수들은 어린 나이인데도 아주 진지하게 임했고, 재능이 있는 선수들이라 그런지 어떤 훈련을 시켜도 잘 따라오는 모습이 놀라웠다.

지도하는 데 어려운 점이 있다면 스페인어 의사소통이었지만, 동료 코치들의 도움으로 해결할 수 있었다. 한국에서 지도자 경력이 길지 않다 보니 아르헨티나의 축구 지도 방법을 받아들이는 데 편견이 없었고, 선수들과 늘 소통하면서 어려움보다는 하루하루가 즐거웠다.

아르헨티나 유소년 축구 훈련

아르헨티나의 유소년 훈련은 팀 성적보다는 선수 성장에 목적을 두고 진행한다. 유소년 선수들은 대체로 집중력과 체력이 약하기 때문에 체력 훈련보다는 공 다루는 감각을 키워서 공과 하나가 될 수 있는 훈련을 주로 한다.

서서도 패스를 못하는 선수에게 움직이면서 패스하기를 원하는 것, 공을 다룰 줄 모르는 선수에게 지그재그 드리블을 원하는 것, 퍼스트 터치가 잘 안 되는 선수에게 이동 컨트롤을 주문하는 것 등은 뿌리 없이 나무가 잘 자라길 바라는 것과 같다. 뿌리가 튼튼한 나무가 비바람에도 흔들리지 않고 오래 사는 것처럼 축구를 배우는 아이들도 첫 단추를 어떻게 채우는지가 중요하다.

내가 아르헨티나에 와서 유소년 선수들의 훈련 모습을 처음 보면서 느낀 점이 있다면, 너무 기초적인 것만 하는 것이 아닌가 하는 인상을 받았다. 아웃사이드를 이용한 직선 드리블, 드리블의 강약 조절…… 다만, 공을 따라다니는 것이 아니라 내가 공을 다뤄야 한다고 했고, 서두르지 말고 여유 있게 앞을 보고 드리블하라고 항상 강조했다. 그리고 아르헨티나 운동장에서 코치가 유소년 선수에게 가장 많이 하는 말이 있었다. "생각하면서 천천히 해라! 여유를 가져라!" 이 말이 자주 들렸다.

유소년 선수에게 많은 것을 요구하고 바라는 것은 지도자의 욕심이다. 유소년 선수에겐 축구를 즐기게 하면서 공이 자신의 일부처럼 되게끔 기초를 탄탄하게 해야 한다. 강약 조절하면서 공 다루는 법을 익힌 뒤, 지그재그 드리블, 다양한 모형을 두고 드리블 등 다음 단계로 넘어가 자연스럽고 부드럽게 공을 다루는 아이들의 모습을 보니 이게 정답이라는 생각이 들었다.

공을 마음대로 다루려면 오랜 시간 훈련이 필요하다. 기본기가 부족하고 볼 감각이 떨어지는 선수들은 1부터 3까지 기초적인 것들을 시간이 걸리더라도 제대로 배우고 나서, 다음 단계로 가야 한다. 기본기를 제대로 익히지 않고 다음 단계로 가면 힘들 수밖에 없다. 그리고 아르헨티나 어느 클럽이든 유소년 선수들이 항상 하는 훈련이 있다. 지금은 한국 유소년 축구에서도 유럽의 훈련 프로그램들이 많이 들어와서 다양한 코디네이션 훈련과 리듬감 키우는 훈련을 많이 하고 있지만, 2000년대 초 이전만 해도 코디네이션 및 코어 훈련하는 학교는 거의 보지 못했다. 아르헨티나에선 다양한 방식으로 코디네이션 및 코어 훈련을 오래전부터 하고 있었다. 메시, 사비올라, 아이마르처럼 키가 작지만 균형 감각이 좋은 선수들이 왜 자주 나오는지 알 수 있었다.

무엇보다 유소년 축구에서 가장 중요한 훈련은 축구 경기다. 모든 훈련의 목적은 경기에서 잘하는 선수를 만들기 위함이다. 배운 것들을 경기장에서 얼마나 응용할 수 있는지가 중요하다. 아르헨티나의 모든 클럽 안에는 선수들이 많아서 자체 청백전을 자주 치른다. 경기에서 감독과 코치는 선수들의 경쟁을 유도하고 선수들 플레이에 일일이 관여하거나 지시하지 않는다. 선수들은 스스로 본인의 포지션에 맞는 플레이를 생각하면서 한다.

내 어린 시절엔 자체 청백전이라고 하면 우리끼리 경기라고 설렁설렁 뛰었는데, 아르헨티나 유소년 선수들은 같은 구단 안에서도 기량에 따라 A팀, B팀, C팀으로 나뉘어 있다 보니 자체 경기를 통해 경쟁할 수밖에 없는 구조다. 게다가 주말 리그 출전 여부도 걸려 있어서 자신의 능력을 감독에게 보여주려고 치열하게 경기에 임한다. 물론 아르헨티나에선 유소년 리그의 성적을 그리 중요하게 보진 않는다. 성적보다는 선수의 성장에 목표를 두는 게 보통이다. 그러나 리그가 시작되고 실전에 들어가면 아르헨티나 선수들은 나이가 어려도 승리를 위해 최선을 다해 경기에 임한다. 아르헨티나에서 곧잘 하는 이야기가 있다. 아르헨티나인은 평상시

엔 느긋하고 여유가 있지만, 축구장에만 들어가면 어른 아이 할 것 없이 다혈질로 변하고 이기기 위해 열정적으로 싸운다는 것이다. 아르헨티나 축구선수는 경기장에서 쓰는 꼬라손Corazon(심장, 마음)이 따로 있다고 표현하기도 한다. 경기장에서만큼은 모든 선수가 냉정하고 강하게 승리를 갈구한다는 뜻이다.

경기가 시작되면 열정적인 선수들과 달리 지도자들은 밖에서 차분히 플레이를 지켜본다. 전반전이 끝나면 라커룸에서 힘내자고 외치는 지도자도 있고, 잘못된 점을 선수들과 토론하며 고쳐주는 지도자도 있다. 한국에선 일부 지도자들이 라커룸에서 아이에게 너무 심한 욕설을 하거나 때리는 경우가 종종 있다. 학생 시절, 경기 중에도 감독이 불러서 욕하거나 때리는 모습을 자주 보곤 했다. 감독이 원하는 경기력이 나오지 않으면 라커룸에서 호되게 혼나고 맞았다. 지금 생각하면 그렇게 맞으면서 어떻게 축구 했는지 모르겠다. 그 사실을 부모님에게 말하지 못했던 까닭은 축구를 못 하게 하실까 봐서였다. 그래서 어린 나이에 욕먹고 맞은 사실을 숨기고 늘 축구가 재미있다고 말하고 다녔던 기억이 난다. 아르헨티나는 한국과 시차도 계절도 반대이고, 사람들 성향도 너무 달라서 라커룸의 풍경도 다를 수밖에 없었다.

아르헨티나 유소년 축구에서 기본으로 하는 워밍업 훈련을 몇 가지 소개한다. 보통 6명이 필요하며, 두 그룹으로 나눠서 훈련한다. 유소년 선수가 훈련의 목적을 알고 해야 효과적이다. 훈련 중에는 코치가 패스, 드리블, 컨트롤 방법에 대해 상황과 선수 수준에 맞게 변경하기도 한다.

1. 퍼스트 터치 후 패스 훈련 I

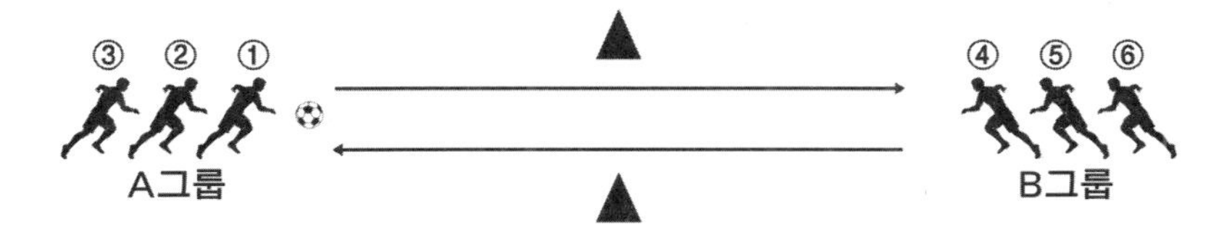

훈련 방법:

공을 가진 ①번 선수는 가운데에 있는 콘과 콘 사이로 패스한 뒤, B그룹으로 이동한다. 공을 받는 ④번 선수는 인사이드 퍼스트 터치 후 A그룹 ②번 선수에게 패스한 뒤, A그룹으로 이동한다. 3분간 같은 방식으로 훈련을 진행한다. 퍼스트 터치 후 터치한 발과 같은 발 또는 다른 발로 패스해보자.

중요 포인트:

중앙의 콘과 콘 사이로 정확히 패스해야 하며. 퍼스트 터치할 때는 인사이드로 본인이 패스하기 편한 위치에 공을 잡아 놓는다.

2. 퍼스트 터치 후 패스 훈련 II

훈련 방법:

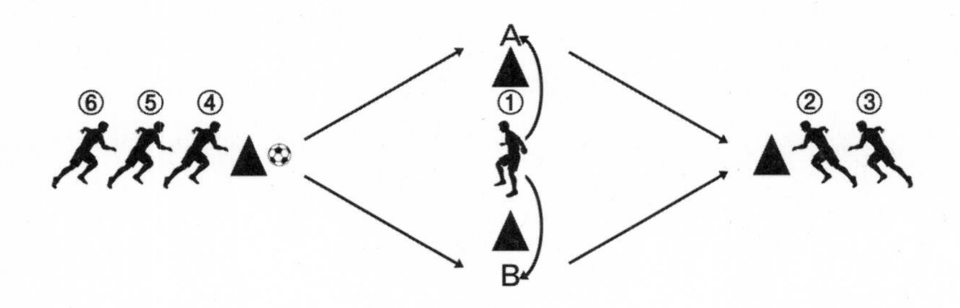

①번 선수는 콘과 콘 사이에 자리 잡고 공은 ④번 선수가 먼저 가진다. 훈련이 시작되면 ①번 선수는 가운데에 있는 콘이 수비수라고 생각하고 A나 B 위치로 이동한다. ①번 선수가 콘(가운데)을 벗어나면 ④번 선수는 공을 ①번 선수에게 패스한다. ①번 선수는 본인에게 흐르는 공을 ②번 선수가 있는 방향으로 컨트롤한 뒤, ②번 선수에게 정확히 패스한다. 패스 후, ①번 선수는 ⑥번 선수 뒤로 가고, ④번 선수는 ①번 선수가 있던 가운데로 이동해서 훈련을 반복한다.

중요 포인트:

1) 이 훈련의 목적은 경기 중에 수비수를 순간적으로 떨어뜨려 놓고 퍼스트 터치한 후 반대편에 있는 같은 팀 동료에게 패스하는 것이다.

2) 퍼스트 터치와 패스도 중요하지만 그 퍼스트 터치를 하기 전에 공을 줄 동료 선수와 반대편 동료 선수의 위치를 미리 파악한 후, 공을 받는 것이 중요하다. 따라서 늘 주변을 살펴야 한다.

3) 코치는 선수에게 다양한 퍼스트 터치를 할 수 있도록 규칙을 정해준다.

ex. 방향에 따라 짧게 돌아서며 오른발 퍼스트 터치 후 왼발 패스, 짧게 왼발 퍼스트 터치 후 오른발 패스, 돌아서며 오른발 퍼스트 터치 후 오른발 패스, 왼발 퍼스트 터치 후 왼발 패스.

3. 컨트롤 후 패스 훈련

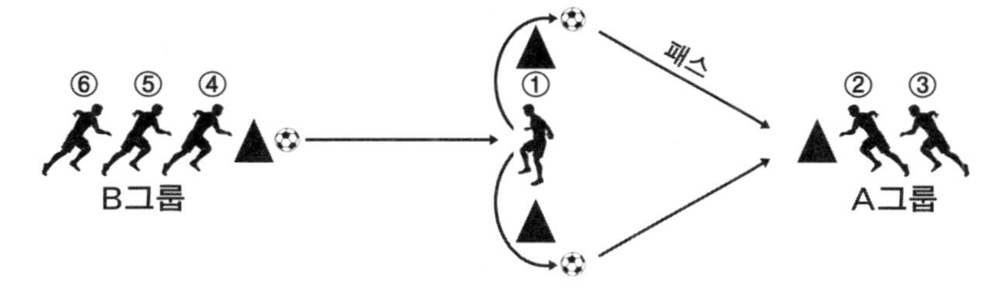

훈련 방법:

3명씩 두 그룹으로 나눈 뒤, A그룹 ①번 선수는 가운데에 자리 잡는다. B그룹 ④번 선수가 공을 먼저 가진다. 훈련이 시작되면 ④번 선수는 중앙의 ①번 선수에게 패스하고 ①번 선수는 공을 받아 인사이드 및 아웃프런트로 이동 컨트롤하면서 콘 밖으로 나간다. 그다음, A그룹 ②번 선수에게 패스한 뒤, B그룹 ⑥번 선수 뒤로 빠르게 이동한다. 그 사이 ④번 선수는 ①번 선수가 있던 중앙의 콘 사이로 이동해서 훈련을 반복한다.

중요 포인트:

패스를 잘 받을 수 있도록 가운데 선수가 순간적으로 잘 움직여야 한다.

4. 아웃사이드 드리블 훈련

훈련 방법:

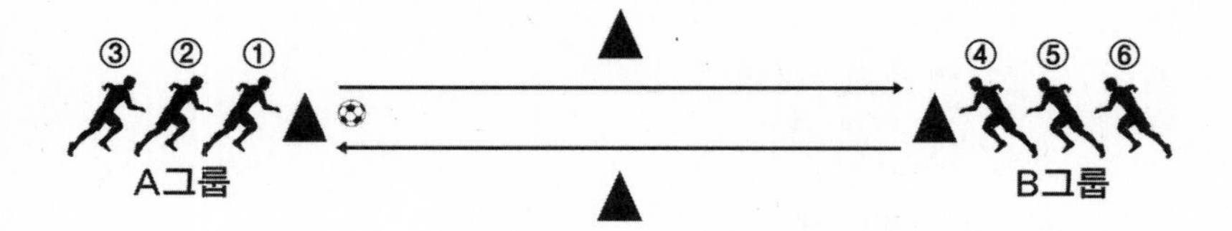

A그룹의 ①번 선수는 공을 몰고 중앙의 콘과 콘 사이를 아웃사이드 드리블로 통과한 다음, B그룹 ④번 선수에게 패스한다. 공을 받은 ④번 선수는 다시 콘과 콘 사이를 아웃사이드로 드리블로 통과한 다음, ②번 선수에게 패스한다.

중요 포인트:

드리블을 발등이 아닌 아웃프런트(발의 앞부분 바깥쪽)로 공을 밀면서 해야 한다.

5. 2대2 게임

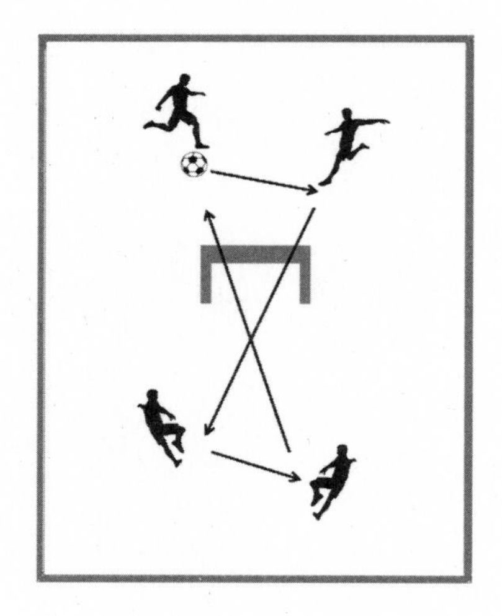

훈련 방법:

유소년 선수에게 패스 훈련을 반복해서 시키면 집중력이 떨어지고 지루해할 수도 있다. 그래서 코치는 선수들이 재미있게 할 수 있도록 여러 가지 게임을 궁리해야 한다.

1) 4명씩 한 그룹을 만들어 2대2 경기를 할 수 있는 팀을 만들어준다.

2) 코치는 정중앙에 콘과 콘으로 골대를 만들어준다.

3) 경기 룰은 원 터치 룰을 적용하며 투 터치나 쓰리 터치 안에 공을 가운데에 있는 콘과 콘 사이를 지나 상대 진영으로 넘겨야 한다.

4) 코치는 가운데 골대에 콘을 배치하고 각 그룹마다 사각형 경기장을 만들어준다.

중요 포인트:

같은 동료 선수와 공을 한두 번만 주고받은 뒤, 상대편 쪽으로 공을 넘기는 것이 목적이다. 상대편에서 넘어오는 공이 어디로 올지 미리 파악해서 움직여야 이길 수 있다.

패스 훈련하는 아르헨티나 선수들

즐겁게 훈련하는 아르헨티나 유소년 선수들

아르헨티나 청소년 축구 훈련

유소년팀을 거쳐 청소년팀으로 올라온 선수들은 기본기와 감각을 익히는 시기는 지났다고 본다. 기본기 습득은 유소년 시기에 이미 끝나 있어야 한다. 늦게 배울수록 공을 부드럽게 다루기 어렵다. 아르헨티나 선수 중에는 15세만 지나도 성인 티가 나는 선수가 꽤 있다. 청소년팀에서는 피지컬과 멘탈을 강화하는 훈련의 비중을 높인다.

내가 어릴 때 감독님이 진행했던 피지컬(체력) 훈련은 운동장 사각에 콘을 세워놓고 한 바퀴를 1분 10초 안에 돌게 한다든가 산과 언덕을 뛰게 한다든가 오리걸음 하거나 어깨에 사람을 태우고 운동장을 돌거나 골대에서 골대까지 선착순 달리기를 한다든가 이런 것들이 전부였다. 그때까지 나는 다른 선수보다 빠르고 많이 뛸 수 있는 것만 체력이라고 생각했다.

아르헨티나에 와보니 연령별 팀마다 피지컬 코치가 따로 붙어서 선수들의 워밍업을 도와주고 몸 상태와 체력을 점검해서 능력치가 다른 선수들을 따로 분류해 그들에게 맞는 훈련을 시키는 모습을 보고 놀랐다. 축구는 서서 하는 게 아니라 몸과 몸이 부딪치는 스포츠이고, 내가 가진 공을 지키거나 남이 가진 공을 빼앗으려면 결국, 몸싸움을 해야 한다. 아르헨티나 청소년 단계의 피지컬 훈련은 늘 피지컬 코치가 진행하고, 일주일에 2회 정도 근력과 지구력을 키우는 훈련을 한다. 나 어릴 적 감독님은 체력 훈련을 지나치게 하면 키가 안 크고 웨이트 트레이닝을 하면 몸이 무거워지니 운동장에서 할 수 있는 훈련은 뛰는 것밖에 없다고 생각하신 것 같다.

기본적으로 축구는 뛰는 스포츠이니 뛰기를 안 할 수는 없겠지만, 목적이 없는 체력 훈련은 선수들을 지겹고 힘들게만 한다. 선수에게 왜 그 훈련이 필요한지 알리고 꼭 맞는 훈련을 제시한다면, 동기부여가 된다.

아르헨티나에선 만 14살 때부터 웨이트 트레이닝을 시작한다. 보디빌더처럼 멋진 근육을 만들기 위해서가 아니라 축구선수에게 필요한 근력을 키우기 위해서다. 무리가 가지 않는 선에서 선수의 신장과 체중에 맞는 무게의 기구로 진행한다. 보통 일주일에 2회 정도 팀 훈련 전이나 후에 웨이트 트레이닝을 한다.

청소년 선수에게 또 필요한 것은 경기장에서 본인의 경쟁력을 키울 수 있는 훈련이다. 아르헨티나 청소년 선수들은 기술·전술·피지컬 훈련을 하고 마지막에 축구 경기를 한다. 기술 훈련은 포지션별 훈련을 주로 하는데, 포워드는 슈팅, 움직임 등을 훈련하며, 미드필더는 패스, 킥 등 신속하고 정확하게 공을 배급해줄 수 있는 훈련을, 디펜더는 헤딩, 맨투맨 수비, 수비 시 쓰는 손기술 등을 훈련한다. 경기장에서 자주 나오는 상황을 대비하는 데 최대한 초점을 맞추며 이를 통해 포지션마다 경쟁력을 키울 수 있다. 이 포지션별 훈련을 일주일에 2회 정도 한다.

팀 훈련은 일주일에 5회 한다. 하루하루 훈련 프로그램이 다르며 마지

막은 자체 경기를 통해 주말 리그에 뛸 옥석을 가린다. 코치진은 훈련과 자체 경기를 통해 경쟁을 유도하고 선수들은 거기서 본인의 능력을 보여줘야 주말 리그에 나갈 수 있다. 그러다 보니 하루에 한 번 2시간가량의 훈련량에도 모든 선수가 실전처럼 훈련에 임하며 성장한다.

또래 아이보다 뛰어난 청소년 선수는 한두 살 많은 팀이나 성인 2군 팀에 올려서 훈련을 시킨다. 운동장에선 나이가 아니라 능력이 중요하다는 얘기다. 선수의 능력에 맞는 대우와 기회를 제공하는 것이 아르헨티나 구단들의 선수 육성 방법이다.

어린 아르헨티나 선수의 훈련량

아르헨티나 선수들은 훈련량이 그렇게 많지 않다. 보통 하루 2시간 정도다. 만 8~13세 유소년 선수들은 일주일에 2~3회 훈련하며, 오후 3시부터 5시 또는 오후 4시부터 6시까지 진행한다. 만 14~19세 청소년 선수들은 월요일부터 금요일까지 주 5회 훈련한다.

아르헨티나의 모든 육성팀은 한국과 같은 학교 축구부가 아니라 프로 유스팀으로 이루어져 있다. 정식 프로팀이라고 할 수 있는 프로 1~5부 팀들은 모두 유스팀을 운영하고 있다. 아르헨티나의 수도 부에노스아이레스에 등록된 프로 유스팀 수만 봐도 85개 팀이 있다.

클럽에 따라 하루 스케줄이 다를 수 있지만, 대부분은 만 13세부터 15세 선수들은 유소년 선수들과 똑같이 오후에 훈련하며 만 16세부터 성인팀의 2군 선수들은 오전에 팀 훈련을 한다. 오전에 팀 훈련이 있는 선수들은 학교 수업을 어떻게 할까? 아르헨티나는 우리나라와 달리 학교 수업이 오전반, 오후반, 야간반, 오전 오후 종일반으로 나뉘고, 학생이 선택할 수 있는 권한이 있어서 훈련과 수업을 겹치지 않게 조정할 수 있다.

아르헨티나의 유소년 선수들은 평일에 훈련하다가 홈앤드어웨이 방식으로 주말 리그 경기에 나서는데, 리그는 4월 초에 시작해서 11월 말까지 8개월간 진행되고 20경기에서 25경기 정도를 소화한다. 청소년 선수들은 주 5회, 하루에 한 번, 월요일부터 금요일까지 훈련하며 주말 리그는 3월 중순부터 11월 말까지 1년에 30경기 정도 소화한다. 아르헨티나의 한여름인 12월, 1월, 2월은 유소년 클럽 선수에게 여름 방학이다. 다들 쉬면서 가족과 시간을 보낸다. 한국처럼 땡볕에서 축구 대회를 열지 않으며, 방학이 끝나면 새로 들어온 선수들과 함께 한 달 정도 훈련하면서 3월 말이나 4월 초에 시작되는 리그를 준비한다.

한국과 견주면 아르헨티나 유소년 선수들의 축구 훈련량은 적다고 볼 수 있지만, 보통 풋살도 함께 하고 있기 때문에 공을 다루는 시간이 적다고만 볼 수는 없다. 그리고 클럽의 어린 선수들은 훈련에서 자신의 모든 것을 쏟아내며 진지하게 임한다. 자신의 실력을 보여줘야 경쟁에서 살아남을 수 있음을 어린 나이에도 잘 알기 때문이다. 이는 아르헨티나 구단과 지도자가 만들어둔 환경이다. 아르헨티나 청소년 연령대에선 주 5회 훈련을 하는데, 훈련량은 피지컬 코치가 매일 관리한다. 팀 훈련이 끝나면 모든 선수는 훈련복(훈련복과 유니폼은 구단 소유)을 세탁실에 반납하고 코치진들은 공과 훈련 도구를 손수 챙긴 다음, 퇴근해야 해서 선수가 따로 남아서 훈련을 계속하긴 어렵다. 그래서 풋살을 하거나 웨이트 트레이닝을 하는 선수가 많다.

한국에서 중고교 축구부 시절 나는 하루 세 차례 훈련을 받아야 했다. 중학교 때는 아침과 저녁에 1시간 30분씩 기본기와 개인 훈련을 했고 낮에는 전술과 체력 훈련을 했다. 고등학교 때는 새벽에 체력 훈련을 했고, 낮에 전술 훈련, 저녁에는 기본기 훈련을 했다. 몸도 쉴 수 있는 시간이 필

요한 법인데, 무식하면 용감하다고 당시는 세 차례 훈련에 더해 추가 훈련까지 하려고 했다. 선수들은 시간을 많이 투자하면 축구선수가 될 수 있다고 생각했고, 감독님도 같은 생각이었다. 하루라도 쉬면 눈치가 보였고, 아픈 것을 참으며 경기에 나가는 것을 정신력이 강하다고 했다. 그래서 아픈 곳이 있어도 하루 세 차례 훈련 다 받는 동료도 많았다.

모든 선수가 도대체 우리는 언제 마음 편히 쉴 수 있을까 한탄했다. 감독님에게 언제 쉬느냐고 질문하면 성적을 내면 휴식을 주겠다고 하셨다. 축구선수의 꿈을 버릴 수 없어 강행군을 참아낼 수밖에 없었다. 만일 아르헨티나의 어린 선수에게 한국 같은 훈련량을 강요한다면, 모든 선수가 1년도 안 되어서 축구를 그만두리라 생각한다.

그렇다고 아르헨티나의 훈련량이 꼭 정답이라고 할 수는 없다. 왜냐하면, 선수마다 타고난 능력이 다 달라서 모든 선수에 맞는 훈련량은 존재하지 않기 때문이다. 다만, 아르헨티나의 클럽들은 좋은 선수를 매년 받고 있고, 기존 선수 중 1년 동안 부진한 선수는 나이가 어려도 팀에서 방출하기 때문에 하루에 한 번 훈련하더라도 그 시간에 모든 것을 쏟아부을 수밖에 없는 구조다. 반면, 한국은 중학교 1학년에 입학하면 좀 못해도 3학년까지는 가기 때문에 덜 치열하다고 할 수 있다. 아직도 학원 축구 중심인 한국에 무작정 아르헨티나 방식을 적용하긴 어려운 이유다.

어린 선수들이 꼭 알아야 할 것은 축구선수는 훈련에 시간을 많이 투자했다고 될 수 있는 것이 아니다. 시간을 많이 투자하면 나보다 잘하는 선수를 기술과 체력 면에서 어느 정도 따라갈 수 있을 수도 있지만, 프로선수까지 된다는 보장은 없다. 좋은 축구선수가 되려면 우선 좋은 판단력을 갖춰야 한다. 선수가 생각할 줄 알고 경기를 읽는 눈이 있어야 한다는 얘기다. 판단력이 있어야 자기가 가진 기술과 능력을 보여줄 수 있으며 자기 포지션에서 경쟁력이 생긴다. 이런 판단력을 키우기 위해선 휴식도 훈련의 일부가 되어야 한다고 생각한다. 왜냐하면, 한국에선 훈련량이 너무 많아서 선수가 생각할 시간이 없기 때문이다. 그러다 보면 재능 있는 선수도 평범해질 수밖에 없다.

해외 선수보다 축구에 더 많은 시간을 들이면서도 한국에서 세계적인 선수가 많이 안 나오는 까닭은 우리 어른들이 선수의 판단력을 키울 수 있는 환경을 만들어주지 못한 탓이라고 생각한다.

어린 선수에 투자하는 아르헨티나 구단들

각 구단에서는 매년 전반기 6월~7월, 후반기 12월~1월에 두 번의 테스트가 열린다. 대부분의 유소년 선수는 그 시기에 본인이 원하는 팀에서 자유롭게 테스트를 받고 합격하면 그 클럽에 등록이 되어 선수로 뛸 수 있다. 선수의 실력에 따라 1~5부 리그의 유소년 클럽 또는 개인이 운영하는 축구학교 등 다양한 곳에서 선수로 뛸 수 있다.

1~2부 리그의 유소년팀들은 처음부터 재능이 없는 선수는 아예 입단 자체가 힘들어서 아무나 일단 키워보고 직업 선수가 될지 말지 판단하는 식이 아니다. 학연, 지연, 로비 등 축구 외적인 요소도 없다. 클럽은 재능이 있는 아이들만 선발하고, 재능이 없지만, 축구를 배우고 싶은 아이들은 프로팀 산하 유소년팀이 아니라 클럽에서 따로 운영하는 축구학교 escuela de futbol에서 축구를 배우며 그들만의 리그에서 뛴다.

모든 클럽은 성적보다 육성이 우선이며, 아이가 축구선수를 갓 시작하려는 단계부터 확실한 선발 기준을 가지고 있다. 그 기준에 맞춰 아르헨티나의 클럽들은 테스트를 통해 재능과 가능성이 있는 아이만 선발하고 있다. 설령 또래보다 몸집이 작더라도 재능이 있다고 판단하면 클럽에서는 그 재능을 믿고 긴 안목으로 선수에게 투자한다. 아르헨티나에선

170cm도 안 되는 스타 플레이어가 다수 나왔기 때문에 포지션상 큰 키가 필요한 자리가 아니라면 선발할 때 아이의 키를 보지 않는다. 키 큰 선수에게만 기회를 많이 주거나 키만 커도 스카우트하는 일은 말도 안 되며, 신체조건이 좋아도 축구의 재능이 없으면 클럽에서 정식 선수로 뛰기는 무척 어렵다. 아르헨티나에선 선수가 되기 위한 첫 관문도 재능이 있어야 통과할 수 있으며, 입단하더라도 경쟁이 대단히 치열하다.

무엇보다 축구를 배우는 데 한국보다 큰돈이 들지 않는다. 90년대 후반 한국의 중고교 축구부는 프로 산하 팀이 아닌 이상, 부모님들의 회비로 운영되었다. 한 달 교육비가 기본 50만 원이었고, 각종 대회 출전 비용과 동계 훈련 비용은 따로 걷었다. 이런저런 비용을 포함하면 한 해 1,500만 원 이상은 들었다. 지금도 한국 학교 대부분이 학부모들이 내는 돈으로 축구부를 운영한다.

아르헨티나에선 유소년 선수의 경우, 소속 리그에 따라 무료로 축구를 배우는 선수도 있고 한 달 10만 원 미만의 회비를 내고 운동하는 선수도 있다. 청소년 선수의 경우는 모든 유스 클럽이 훈련 비용을 부담하며, 잘하는 선수들은 나이가 어려도 에이전시와 계약이 되어 있어 운동하는 데 들어가는 비용을 에이전시가 모두 대주기도 한다. 유스 클럽의 정식 선수가 되면 축구 하는 데 들어가는 돈은 거의 없다고 할 수 있다.

아르헨티나에서 좋은 선수가 많이 나오는 까닭은 축구 하는 데 큰돈이 들지 않아서이다. 테베스, 리켈메, 아구에로 같은 선수들은 빈민가 출신이었지만, 축구 하나 잘해서 크게 뜬 케이스다. 구단들이 이런 선수들에게 끊임없이 투자하고 육성하기 때문에 늘 많은 아이가 축구선수를 꿈

리베르플레이트가 배출한 스트라이커 이과인

꾼다.

아르헨티나에서 가장 유명한 팀인 보카주니어스(마라도나, 리켈메, 테베스, 팔레르모 배출 구단)와 리베르플레이트(마스체라노, 이과인, 사비올라, 크레스포 배출 구단)는 모든 아이가 들어가고 싶어하는 구단인데, 이 두 팀의 테스트에 지원하는 아이들의 숫자만 한 해 약 3천 명이라고 한다. 이 3천 명이라는 숫자가 왜 아르헨티나가 축구 강국이고, 늘 많은 스타가 배출되는지 알려주는 것 같다.

각 구단의 청소년 선수들은 구단과 1년마다 계약을 해야 하고, 구단은 11월 말쯤 그 시즌의 리그 활약에 따라 그 선수와 재계약할지 방출할지 결정한다. 팀에서 방출된 선수들은 지정된 날짜에 본인이 원하는 다른 구단에 가서 테스트를 받을 수 있다. 보통 한 팀에서 다음 단계로 올라갈 때 해마다 20% 이상이 재계약에 실패한다.

한국에서는 청소년 선수들을 아직 어린아이로 생각하다 보니 학교 축구부에서 방출한다고 하면, 감독이 선수의 부모를 불러서 얘기하고 다른 학교를 알아봐 주거나 하지만, 아르헨티나에선 청소년팀의 총감독이 선수를 직접 불러 통보한다. 우리나라 정서상 냉정해 보일 수도 있지만, 아르헨티나의 모든 청소년 선수는 어린 나이부터 프로의 비정함을 느끼면서 성장한다. 팀에서 방출되었다고 해서 위축되거나 남 탓을 하지 않고, 자신의 실력이 부족해서 일어난 일이라는 걸 받아들인다. 굴하지 않고 다른 팀을 찾으러 다니는 모습을 보면서 어린 선수들이지만 축구를 향한 열정은 대단하다고 느꼈다.

테스트 중 찰칵

구단 운동장에서 테스트받는 선수들

테스트 선수들을 평가하는 총감독

아르헨티나 유소년 · 청소년팀의 선수와 지도자 등록수

2017년 아르헨티나 축구협회에 등록된 선수 수는 다음과 같다.

아르헨티나 유소년 · 청소년 축구선수 리그별 등록 현황

<table>
<tr><th>연령</th><th>AFA</th><th>Metropolitana</th><th colspan="2">Liga Argentina</th></tr>
<tr><td>만 11~13세</td><td>9,500</td><td>11,400</td><td>만 8~13세</td><td>7,200</td></tr>
<tr><td>만 14~19세</td><td>18,500</td><td>3,900</td><td colspan="2">1,700</td></tr>
<tr><td>합계</td><td>28,000</td><td>15,300</td><td colspan="2">8,900</td></tr>
<tr><td>총합계</td><td colspan="4">52,200</td></tr>
</table>

만 8~10세 선수의 경우는 구단 자체적으로 키우거나 취미로 하는 선수가 많아서 협회 통계에 다 잡히지 않는다. 수도권 밖의 지역에서 주최하는 리그의 참여 선수 수는 협회에서도 파악이 쉽지 않아서 실제 선수 수는 저 통계보다 더 많다고 한다. 한국보다 인구가 적은 아르헨티나임을 생각하면, 유소년·청소년 선수 수가 25,000~30,000명 정도인 한국보다 많다고 할 수 있다.

한편, 2017년 기준으로 아르헨티나 축구협회에 등록된 지도자 수를 소개하면, 한국의 P급 프로페셔널 교육에 해당하는 2년 코스(Nivel A)를 이수하고, 자격증título(티툴로)을 취득한 지도자 수가 약 20,000명이라고 한다.

디에고 파블로 메이라마 감독과 전 아르헨티나 국가 대표 후안 베론

3장

아르헨티나
축구지도자의 철학

아르헨티나
축구지도자의 자격과 수입

아르헨티나에도 지도자 자격증이 있다. 아르헨티나 축구협회(AFA)에서 주관하는 유소년 축구지도자 교육은 1년 코스로 주 2회, 저녁에 수업하며, 이론과 실기를 병행한다. 1년 코스를 마치면 자격증이 나오는 게 아니라 수료증만 교부되며 이걸 가지고 유소년 선수를 가르칠 수 있다. 여기서 시간이 될 때 교육을 1년 더 받고 이론과 실기 시험에 통과하면 Nivel A 정식 자격증título을 받을 수 있다. 이 자격증이 있으면 청소년 선수부터 프로 성인 선수까지 지도할 수 으며, 다른 남미 국가에서도 지도자로 활동할 수 있다. 유럽에서는 아르헨티나에서 3년 이상 지도 경력이 있어야 이 자격증을 인정하는데, 최근 아르헨티나에서는 유럽의 P급과 같은 자격증을 받을 수 있는 3년 지도자 코스를 준비하고 있다.

유소년이나 청소년 축구팀의 감독이 되려면 Nivel A 자격증이 필요하며, 감독을 보좌하는 보조 코치는 자격증이 없어도 어린 선수들을 지도할 수 있다. 그 밖에 축구 클럽 주관으로 한국의 생활체육지도자처럼 생활축구지도자를 양성하는 코스도 있으며, 이 교육을 받으면 클럽에서 생활축구지도자로 활동할 수 있다. 피지컬 코치는 여러 클럽에서 주관하는 6개월짜리 수업을 듣고 시작하는 이도 있으며, 나아가 대학에서 4년간 공부하고 자격증을 딴 뒤, 유소년 축구 피지컬 코치 일과 학교 체육 선생님 일을 병행하는 이도 있다. 아쉽게도 대한축구협회에서 취득한 자격증은 아르헨티나에선 인정해주지 않는다.

아르헨티나에서 활동하는 유소년 지도자들은 대체로 젊은 분이 많다. 아르헨티나 구단에서 원하는 유소년 지도자는 아이들 눈높이에서 쉽게 가르치고 아이들이 즐거운 분위기에서 축구를 할 수 있게 해주는 사람이다. 지도자를 뽑을 때 자격증이나 경험보다는 마음가짐을 가장 눈여겨본다. 축구 기술을 가르쳐주는 것도 중요하지만, 무엇보다 아이들이 축구를 통해 행복을 느끼게 해야 한다고 말한다. 지도자의 욕심에 선수를 다그치거나 욕설을 하는 것은 아르헨티나에선 용납할 수 없는 일이다. 그래서 구단은 지도자의 성품을 유심히 보고 유소년 선수들과 잘 어울릴 수 있는 사람을 선택한다. 보통 유소년과 청소년팀 총감독(Coordinador)이 지도자를 선발할 권한을 가지고 있다.

일반적인 아르헨티나 유소년 지도자들은 오후 2시에 출근해서 3~5시 또는 4~6시에 2시간 동안 훈련을 진행한다. 추가 업무가 있는 사람은 남아서 일하기도 하지만, 보통은 훈련 끝나면 바로 퇴근한다. 계약은 1년마다 갱신한다. 총감독이 지도자들을 늘 지켜보며 재계약할지 평가한다.

아르헨티나의 모든 유소년 축구지도자들의 급여는 현실적으로 너무 적다. 한국의 학교 축구부처럼 매달 선수 학부모들이 내주는 회비로 급여를 받는 것이 아니라 소속 클럽에서 급여를 받는다. 아르헨티나 유소년 지도자의 한 달 급여는 클럽의 규모와 코치 경력에 따라 다르지만, 보통 70~100만 원 정도다. 그래서 많은 지도자가 다른 직업과 병행하거나

여러 클럽에서 일한다. 적게는 두 클럽, 많게는 세 클럽에서 일하는 지도자가 꽤 있다.

일반적인 축구 클럽은 일주일에 2~3회 정도 훈련하는데, 그 일정에 피해만 가지 않는다면, 구단에서도 몇 개 클럽에서 일하든 제재하지 않는다. 보통은 아침과 낮에 축구 클럽에서 일하고 저녁엔 풋살 클럽이나 학교에서 체육 교사로 일하는 지도자가 대부분이다.

아르헨티나 현지인들은 유소년 축구지도자가 돈을 많이 벌지 못하는 직업임을 알고 있다. 돈보다는 본인이 정말로 축구를 좋아해서 하는 일이고, 어린 선수를 키우면서 행복을 얻는 데 의의를 둔다. 부족한 돈은 본인의 시간 투자와 노력으로 메울 수밖에 없다.

아르헨티나 지도자가 한국 지도자와 다른 점이라면, 내가 지도자이니까 선수와 부모에게 대우를 받아야 한다는 권위의식이 전혀 없다는 것이다. 환경이 다르니 당연할 수도 있고, 한국 지도자 중에서도 권위의식이 없는 분이 있겠지만, 아르헨티나에 와서 권위의식이 있는 지도자는 단 한 명도 못 봤다.

공과 사가 확실히 구분된 아르헨티나에서는 유소년 지도자가 비싼 차를 타고 다니거나 훈련 후 학부모들과 개인적인 식사나 술자리를 갖는 건 본 적이 없다. 지도자는 클럽에 나와 최선을 다해 자기 할 일만 할 뿐이고 훈련 뒤에는 생계를 위해 다른 일을 하며 살아간다. 한국과 아르헨티나의 상황을 모두 겪은 나로서는 두 나라 지도자의 마인드가 너무 다르다고 느꼈다.

성인 프로팀의 감독이나 코치를 제외하고 아르헨티나에서 축구지도자로 많은 돈을 벌기는 무척 어렵다. 어린 선수들이 축구가 좋아서 힘든 훈련을 극복하고 경기에 뛰며 행복을 얻는 것처럼 지도자들 역시 아이들을 가르치면서 행복을 얻기에 적은 돈을 받더라도 지속하는 것이다. 남과 비교하지 않고 내면의 행복을 추구하며 살아가는 아르헨티나인의 모습은 우리나라 사람들도 배울 점이라고 생각한다.

아르헨티나 지도자는 선수를 어떻게 바라보는가

어릴 적부터 한국에서 축구를 해온 나에게 감독님과 코치님은 어렵고 무서운 존재였다. 그분들 말에 토를 달지 말고 무조건 복종하는 것이 당연하다고 생각했다. 축구 경기 중에도 지도자의 눈치를 봤다. 내가 잘하는 것이 무엇이고 그걸 경기에서 살리려면 어떻게 해야 하는지 생각할 겨를은 없었다. 지도자의 지시가 더 중요했다. 경기에서 지면 개개인이 잘했든 못했든 어떤 벌을 받을까 얼마나 혼날까 하는 걱정이 늘 앞섰다.

그때를 떠올리며 축구 강국 아르헨티나에선 지도자들이 어떻게 가르치는지 유심히 관찰했다. 아르헨티나의 지도자들은 선수의 단점보다는 장점을 찾는다. 장점을 찾는다는 것은 그 선수에게 어떤 재능이 있는지 보고 적합한 포지션을 주는 것이다. 그 포지션에 선수가 잘 자리 잡았다고 판단되면 그때부터는 그 선수의 경쟁력을 키워주는 것이 지도자의 역할이다. 만일 지도자만의 기준으로 선수들에게 옷을 입힌다면, 모든 선수가 다 똑같아지고, 남다른 특징이 있는 선수도 평범한 선수로 전락하기 쉽다. 아르헨티나가 배출한 세계적인 선수들을 보면 마라도나, 디마리아, 사비올라, 리켈메, 디발라 등등 다들 색깔이 뚜렷하다. 키가 작아도 그걸 상쇄할 만한 특징을 갖춘 선수가 즐비하다. 비결이 무엇일까? 내가 모셨던 로베

르토 감독님은 선수마다 포워드부터 골키퍼까지 각자에게 맞는 포지션이 있다고 하셨다. 한국의 육성 단계에서는 선수의 의사보다 지도자의 판단으로 포지션이 정해지는 일이 많다. 타고난 재능과 색깔을 중요시하기보다 지도자 개인의 생각을 선수에게 주입하고, 자기 틀에 맞춘다. 경기 중에 선수가 판단을 잘못하면 쓴소리가 바로 나오니 선수들은 경기에서 도전보다는 안정적인 선택을 한다.

왕년의 스타 리켈메

언젠가부터 한국에서는 멀티플레이어를 선호하기 시작했다. 다양한 포지션을 소화할 수 있는 선수가 좋은 평가를 받아서인지 키 큰 수비수가 최전방 공격수로 올라가기도 하고, 중앙 수비수가 윙백을 맡기도 한다.

아르헨티나에서는 어떻게 선수의 포지션을 정할까? 아르헨티나에는 포지션을 번호로 부른다.

1번 골키퍼
2번 오른쪽 중앙 수비수
3번 왼쪽 윙백
4번 오른쪽 윙백
5번 수비형 중앙 미드필더
6번 중앙 왼쪽 수비수
7번 왼쪽 공격수
8번 오른쪽 미드필더
9번 중앙 최전방 공격수
10번 공격형 미드필더
11번 오른쪽 공격수

선수들은 본인이 잘하는 포지션을 알고 있어서 감독에게 이야기한다. 감독의 권유로 포지션이 정해지기도 하지만, 선수 대부분은 자신이 제일 잘할 수 있는 포지션을 고른다. 감독과 코치는 어린 선수의 장점을 먼저 보고 장래 직업 선수까지 할 수 있는 포지션을 추천한다. 강요보다는 선수의 선택을 도와줄 뿐이다.

아르헨티나에서 멀티플레이어란 많은 포지션을 소화할 수 있는 장점이 있지만, 뒤집어서 말하면 본인만의 색깔이 없는 선수로 볼 수 있다고 말한다. 이것저것 다 조금씩 잘하는 선수보다는 색깔이 확실하고 장점을 키운 선수가 프로 선수가 될 가능성이 높다고 보고 있다. 그래서 프로 선수의 전 단계인 유소년, 청소년 시기에 본인만의 포지션 없이 다양한 포지션을 전전하는 것은 좋은 점도 있지만, 그 선수가 본래 가지고 있던 색깔을 잃어버릴 수 있다고 아르헨티나 지도자들은 말한다.

내가 겪었던 한국의 초중고 축구에서는 경기장에서 뛰는 선수들 성향이 다 다른데도 지도자가 조직력을 우선시하기 때문에 선수가 자신의 남다른 장점을 운동장에서 드러내기가 쉽지 않았다. 선수가 포워드든 센터백이든 패스도 잘하고 볼 터치도 다 잘하길 바라는 지도자가 많았다. 선수의 재능을 계발하기보다는 자기 기준에 선수들이 따라와 주길 강요했다.

리듬감과 드리블 능력이 있어서 팀에서 충분히 키플레이어가 될 수 있던 선수도 자신의 특기를 죽이고 팀플레이와 패스에 치중하면서 어느 순간부터는 평범한 선수가 되어버리기도 한다. 나도 한국에서 지도자를 할 때는 어린 선수의 재능보다 팀을 우선시했고, 드리블 능력이나 피지컬이 남달랐던 선수에게도 개인플레이보다 팀워크를 강조했다. 포지션과 관계없이 내가 생각한 플레이가 정답인 줄 알았다. 이런 한국 방식으로 아르헨티나 아이들을 지도하기 시작했을 무렵, 의아하게 본 디에고 메이라마 총감독님이 나를 불러 질문했다.

"레오, 너는 경기에 뛰고 있는 선수를 지도할 때 그 선수의 달란트talento(유대의 무게 및 화폐 단위, 각자의 타고난 자질을 비유적으로 이르는 말)를 생각하고 지도하니?"

그 질문에 나는 No라고 했고, 경기에서는 개인보다 팀이 더 우선이니 이기기 위해 선수들이 내 말대로 움직여줬으면 한다고 했다. 내 말도 틀렸다고 생각하진 않지만, 디에고 감독님의 관점은 나와는 크게 달랐다.

"유소년 교육은 승리가 아니라 성장에 목표를 두어야 하네. 선수들이 우승컵을 들게 하는 것도 중요하지만, 우리 클럽의 첫 번째 목적은 좋은 선수를 길러내는 거야. 그러려면 지도자는 매 순간 선수를 관찰하면서 선수의 장단점을 파악할 줄 알아야 해. 그들의 능력을 키워주는 게 우리의 역할이야."

디에고 감독님의 말씀은 내 축구 인생에서 가슴 속에 가장 크게 자리 잡은 말이었다.

축구화를 신고 운동장에 축구를 배우러 나온 아이들은 각양각색이다. 날쌘 아이, 느린 아이, 키가 큰 아이, 키가 작은 아이 등등 다양하다. 그렇다면 모든 선수에게 다 통하는 지도 방법은 있을 수가 없다. 다 똑같이 지도하는 게 정답은 아니라는 얘기다. 선수로 예를 들면, 아르헨티나의 스타 플레이어로

월드컵과 올림픽에서 활약했던 리켈메는 패스, 킥, 드리블이 뛰어났지만, 최대 단점이 느리고 활동량이 많지 않다는 점이었다. 맨체스터유나이티드에서 박지성과 뛰기도 했던 전형적인 아르헨티나 공격수 테베스는 키가 작지만, 강한 신체와 빠른 발을 살린 돌파가 특기였고, 빈민가 출신답게 이기려는 욕구가 무척 강했다. 이렇게 스타일이 극과 극인 두 선수에게 내가 한국에서 했던 식으로 개인의 장점을 무시하고 팀플레이만 지시했다면, 이 선수들은 시간이 지날수록 자신의 장점을 잊고 그저 평범한 선수가 되었을 것이다. 구체적으로 말하자면 리켈메처럼 게임을 읽고 풀어줄 능력이 있는 선수에게 테베스처럼 드리블 돌파하길 강요해선 안 되고, 돌파가 강점인 테베스 같은 선수에게 드리블 자제시키고 쉽게 쉽게 패스만 하라고 해서도 안 된다는 이야기다.

디에고 감독님의 말씀을 듣고 나서 나는 그동안 내가 가지고 있던 지식과 경험을 다 내려놓고 처음부터 다시 배우자고 마음먹었다.

디에고 파블로 메이라마 감독 인터뷰

질문 1 자기소개를 부탁드린다.

내 이름은 디에고 파블로 메이라마Diego Pablo Meirama다. 낮에는 클럽 데 포르티보에스파뇰 유스팀의 부책임자로 일하고, 저녁에는 훼로카릴오에스테 풋살팀의 총책임자로 일하고 있다. 나는 운 좋게 아르헨티나 반대편에 있는 한국을 2013년, 2015년 이렇게 두 번 방문했다. 2013년에는 한국의 초중고 팀들과 함께 다양한 클리닉을 한 달간 했고, 2015년에는 아르헨티노주니어스의 코치로 선수들과 함께 한국을 방문했다.

질문 2 아르헨티나 유소년 선수를 지도하는 데 중요하게 생각하는 코칭 포인트가 있는가?

우리 아르헨티나에서 유소년 선수들을 지도할 때 가장 중요하게 여기는 것은 기술과 판단력(상황을 풀어가는 능력)이다. 나이가 어린 선수라도 지도자의 지시대로 하는 게 아니라 선수 스스로 상황을 읽고 본인의 능력을 최대한 활용하며 적극적으로 플레이하기를 바란다. 어릴 때부터 스스로 생각하고 판단하는 습관을 들이지 않고 경기에 나가면 선수는 점점 할 수 있는 게 없어진다. 축구를 처음 배울 때부터 어렵더라도 다양한 상황을 파악하고 패스든 슛이든 결정을 내려야 경기를 읽는 눈이 좋아진다. 이는 하루아침에 배울 수 있는 게 아니기 때문에 아르헨티나에선 어린 나이부터 스스로 판단하게끔 한다.

질문 3 아르헨티나 선수들의 장점은 무엇인가?

아르헨티나 선수들은 근성이 강하고 축구에 대한 열정이 가득하다. 아르헨티나인은 이기려는 의지가 강하다. 남녀노소 할 것 없이 늘 승리를 원한다. 축구선수는 일반인보다도 두 배 정도는 강한 멘탈을 갖추고 있다. 다른 선수와 경쟁에서 어디서든 치열하게 싸울 준비가 되어 있다. 아르헨티나 선수에게 승리는 살아남는 걸 의미하기 때문에 운동장 밖에서는 웃고 떠들지 몰라도 운동장에 들어선 순간부터 모든 선수는 수단과 방법을 가리지 않고 이기려 한다. 1986년 멕시코 월드컵에서 나온 마라도나의 핸들링 골이 그 예다.

질문 4 유소년 선수들에게도 승리가 중요한가?

축구에서 승리는 당연히 중요하다. 그러나 유소년 선수에게 더 중요한 것은 성장이다. 성장하면서 승리할 수 있느냐가 과제라고 본다. 유소년 지도자의 목표는 팀 성적보다 선수의 성장이며, 아이들에게 축구를 통해 얻는 행복을 가르쳐주는 것도 중요하다.

질문 5 아르헨티나에서 뛰는 한국 선수의 모습을 보면서 한국 선수의 장단점은 무엇이라고 생각하나?

기본기와 기술이 다들 좋았다. 지도자의 말을 경청하고 훈련하는 태도가 아주 모범적이다. 전술 이해도가 높았고 지도자가 지시한 부분은 100% 실천에 옮기려고 한다. 그런 순종적인 자세가 아르헨티나 선수와 다른 점이다. 아르헨티나 선수들은 감독이 지시해도 경기장에 들어서면 자신의 판단으로 경기를 풀어나가는 경우가 많다. 경기 중엔 선수들이 감독의 말을 따르지 않는다. 수많은 결정을 내려야 하는 그라운드에서 일일이 감독의 지시를 받을 수는 없기 때문이다.

아쉽게도 한국 선수들은 판단력이 부족해서 경기장에서는 자신의 능력을 제대로 발휘하지 못하는 경우가 많다. 또 축구장은 전쟁터 같은 곳인데, 투쟁심과 열정이 부족하다. 더 거칠어도 된다.

아르헨티나의 명장들

수많은 아르헨티나 출신 감독들이 유럽, 남미, 아시아에서 활동 중이다. 디에고 시메오네, 호르헤 삼파올리, 마우리시오 포체티노, 마르셀로 비엘사, 알레한드로 사베야, 가브리엘 에인세, 헤라르도 마르티노, 호세 페케르만, 라몬 디아스 등등 명선수뿐 아니라 명감독도 다수 배출했다. 이 중 아르헨티나 출신 감독 중 내가 생각하는 최고의 감독은 마르셀로 비엘사이고, 개인적으로 좋아하는 감독은 시메오네, 에인세다.

광인(El Loco)으로 알려진 마르셀로 비엘사

마르셀로 비엘사 감독을 소개하자면 1955년생으로 선수 시절엔 수비수였으며 1990년부터 아르헨티나의 뉴웰스 클럽을 맡아 우승까지 일궈냈다. 그 뒤 멕시코, 스페인, 이탈리아, 프랑스의 프로팀에서 감독 생활을 했고, 아르헨티나 대표팀 감독을 역임하기도 했다. 이 감독의 별명은 교수님, 미치광이, 전술의 혁명가 등 광기를 표현한 게 많은데, 그만큼 본인만의 축구 철학이 확고하며, 축구에 관한 한, 누구와도 타협하지 않을 정도로 고집이 세다고 한다. 이 비엘사 감독에게 지도를 받았던 선수들만 봐도 시메오네, 바티스투타, 리켈메, 메시, 사비올라, 크레스포, 포체티노, 에인세, 사네티 등등 명실상부 아르헨티나 최고의 선수들이었고, 좋은 스승 밑에서 지도 방법을 배운 덕인지 그 중 은퇴한 뒤 좋은 지도자가 된 케이스도 많다. 아르헨티나 현지에서 비엘사 감독의 인지도와 명성은 그 어떤 감독도 따라올 자가 없다.

디에고 시메오네

디에고 시메오네 감독은 1970년생으로 선수 시절엔 아르헨티나 국가대표팀의 수비형 미드필더로 유명했다. 상대 선수에겐 대단히 거칠었지만, 동료 선수들을 이끄는 리더십과 카리스마가 대단한 선수였다. 은퇴 후 2006년부터 지도자의 길로 들어섰는데, 아르헨티나에서 활동하다가 2011년부터 스페인의 아틀레티코마드리드 감독으로 부임한 뒤, 완성도 높은 수비 전술로 본인의 명성과 함께 클럽의 가치를 드높이고 있다.

가브리엘 에인세 감독은 1978년생으로 선수 시절엔 여러 명문 팀에서 뛰었던 국가대표 수비수였다. 2015년 6월부터 아르헨티나 클럽인 고도이크루스에서 감독 생활을 시작해서 다른 명장들보다 인지도는 떨어지지만, 2016년 아르헨티노주니어스 성인 A팀 감독으로 부임한 뒤, 평가가 올라갔다. 당시 아르헨티노주니어스 클럽은 재정이 좋지 않아 유명 선수들을 다른 구단으로 팔고 젊은 선수만 남은 상황이었는데, 에인세 감독은 이들의 능력을 제대로 끌어내서 2016년 전반기 리그에서 2위라는 호성적으로 마무리했다. 아무도 예상치 못한 결과였다.

가브리엘 에인세

아르헨티나 잡지에서 그는 다음과 같이 인터뷰했다.

"팀 선수 대부분이 25세 미만 젊은 선수들이라서 나는 좋은 멘토가 되려고 노력했다. 아버지 같은 마음으로 그들의 성장을 도울 것이다."

2016년 내가 아르헨티노주니어스 유스팀 코치로 일할 때, 에인세 감독이 성인 A팀 감독이 부임하면서 운 좋게 그가 성인팀을 훈련시키는 모습을 자주 볼 수 있었다. 운동장에서 에인세 감독은 늘 선수들과 소통했으며 선수들이 필요한 게 뭔지 살피며 적극적으로 도왔다. 그러면서도 리더십과 카리스마가 대단한 인상이었다.

지도자의 올바른 교육과 가치관은 아주 중요하다. 훌륭한 스승은 훌륭한 선수를 길러낼 뿐 아니라 그 선수들이 나중에 훌륭한 지도자가 되는데 큰 영향을 준다. 선수가 좋은 지도자를 만난다는 것은 축복이다.

4장

아르헨티나의 **축구 열기**

아르헨티나
프로 축구 리그

아르헨티나에선 농구, 배구, 승마, 럭비, 하키도 인기가 있지만, 가장 사랑받고 있는 스포츠는 역시 축구다.

아르헨티나 프로 축구 리그에 관해 살펴보자. 1부와 2부 리그는 아르헨티나 축구협회(AFA)에서 직접 주관하는 전국 리그이며, 하위 리그는 지역별 축구협회에서 주관하는 수도권 리그(Liga Metropolitana)와 지역 리그(Liga Argentina)로 나뉜다. 아르헨티나는 수도권 인구 집중이 심해서 축구팀들도 수도권에 몰려 있다. 1967년부터 지역 축구협회에 가입된 팀들도 프리메라 디비시온 등 상위 리그로 진출할 수 있게 되었지만, 아직 상위 리그 팀 대부분이 연방 수도와 부에노스아이레스 주를 연고로 하고 있다.

아르헨티나 축구협회 엠블럼

아르헨티나의 프로축구 1부 리그는 프리메라 디비시온Primera División de Argentina이라고 한다. 국제축구역사통계연맹에서 2015년에 아르헨티나의 축구 리그를 세계 5대 프로 축구 리그 중 하나로 꼽은 적도 있다. 30개 팀이 1부 리그를 구성하며, 전반기(8월~12월)와 후반기(2월~6월) 리그로 나누어 경기한다. 아르헨티나에선 직업 축구선수가 뛰는 프로 리그는 1부에서 5부까지를 말한다. 2부 리그부터 5부 리그까지 등록된 팀 수는 다음과 같다(2016년 기준).

2부 프리메라 베 나씨오날Primera B nacional 23개 팀
3부 프리메라 베 메뜨로폴리따나Primera B Metropolitana 19개 팀
3부 지방 리그 토르네오 페데랄 아Torneo Federal A 18개 팀
4부 프리메라 쎄Primera C 20개 팀
4부 지방 리그 토르네오 페데랄 베Torneo Federal B 14개 팀
5부 프리메라 데 메뜨로폴리따나Primera D Metropolitana 16개 팀

3부와 4부 리그는 메인 리그와 지역 리그로 나뉘는데, 지역 리그는 리그 운영권이 축구협회가 아닌, 지자체에 있으며, 클럽과 선수는 협회에 등록되어 있다.

아르헨티나 리그의 승강제는 독특한데, 최근 3년간 해당 리그의 승점 평균을 계산하여 승강을 결정한다. 다시 말해, 1부 리그 팀 중 최근 3년간 1부 리그에서 평균 승점(최근 3년 동안 2부 리그에서 2년, 1부 리그에서 1년을 운영했다면, 1년간의 평균 승점만 계산함)이 최하위인 2개 팀은 그 해 2부 리그 최상위 2개 팀과 자리를 바꾸게 되며, 최하위 2개 팀을 제외한 하위 2개 팀은 그 해 2부 리그 최상위 2개 팀을 제외한 2개 팀과 홈앤드어웨이 방식의 플레이오프를 치러 승리하는 팀이 1부 리그행 티켓을 가져간다.

이 독특한 승강제에는 이유가 있다. 세계적으로도 유명한 보카주니어스나 리베르플레이트와 같은 빅클럽들이 한 시즌 실수로 2부 리그로 강등되는 것을 막기 위해서이다. 보카나 리베르 같은 빅클럽들이 한국처럼 기업 구단으로 운영되고 있지는 않지만, 이러한 구단들이 리그에 기여하는 금액(광고, 스폰서)이 다른 구단들보다 압도적으로 크기 때문에 이 제도를 통해 빅클럽들을 보호하고 있는 것이다.

리베르플레이트의 경기 장면

아르헨티나의 프로 축구 열기

아르헨티나의 축구 열기는 상상을 초월한다. 카페, 술집, 식당 어딜 가나 남자들이 있는 곳이라면 축구 이야기가 들리고, 아르헨티나인 모두가 각자 응원하는 축구팀이 있다. 길거리에 걸어 다니는 사람만 봐도 남녀노소 구분 없이 일상복처럼 유니폼을 입고 다닌다. 자신이 응원하는 팀이 나오는 경기를 TV로 못 볼 때는 휴대용 라디오를 들고 다니며 중계방송을 듣는다. 방송국들도 축구 중계에 많은 시간을 배정한다. TV 방송국은 중요한 축구 경기 위주로 중계하지만, 수십 개의 라디오 방송국들은 하루에 몇 경기가 동시에 열려도 방송국별로 나눠서 모든 경기를 중계한다. 3부와 4부 리그 경기조차 중계한다. 아르헨티나는 1부 리그뿐 아니라 4부 리그 경기에도 많은 관중이 들어찬다. 축구가 삶의 일부이며, 축구에서 행복을 얻는다.

축구장에서는 혹시 모를 불상사를 막기 위해 응원석 사이사이에 철조망을 쳐 놓고 양 팀 관중을 떨어뜨

려 놓는다. 경기가 끝나면 원정 팬들을 먼저 내보내고 나서 홈 팬들을 밖으로 내보낸다. 빅클럽 중에는 홈 경기에서 클럽 회원들에게만 입장권을 팔고, 다른 구단의 팬은 아예 입장 못 하게 하는 구단도 있다.

축구 경기가 열리는 날에는 적어도 200~300명 정도의 경찰이 경비를 서며, 경기장 인근 지역까지 축구팬들의 안전을 위해 경찰을 배치한다. 이런 경찰 경비 비용은 홈팀이 부담하는데, 한 경기당 2천만 원 정도 된다고 한다.

보카주니어스의 홈구장 라봄보네라

■ 아르헨티나 구단의 홈경기장 좌석 수

보카주니어스 라봄보네라 경기장(49,000석)

리베르플레이트 엘모누멘탈 경기장(61,688석)

라싱 엘실린드로 경기장(64,161석)

인디펜디엔테 리베르타도레스 데 아메리카 경기장(52.823석)

벨레스사르스필드 에스타디오 호세 아말휘타니 경기장(49,540석).

■ 2016년 홈 5경기 평균 관중 수

보카주니어스 205,000명 매 경기 41.000명

리베르플레이트 270,000명 매 경기 54,000명

라싱 153,000명 매 경기 30,750명

인디펜디엔테 159,165명 매 경기 31,833명

벨레스사르스필드 82,500명 매 경기 16.500명

보카주니어스는 아르헨티나 국민의 30%가 팬일 정도로 사랑받는 팀이다. 경기가 있는 날이면 보카주니어스 유니폼을 입고 남녀노소 길거리로 나간다. 내가 사는 아파트의 경비원 아저씨조차도 이 팀의 열혈 팬이며, 경비 일을 하면서도 경기하는 날이면 라디오 중계를 듣고 있다. 골이라도 나면 아파트 전체에서 환호성이 울려 퍼진다. 인기가 높다 보니 벌어들이는 수익도 엄청난 부자 구단이다. 특히 선수를 유럽 구단에 팔아서 벌어들인 돈으로 선수 육성을 위한 훈련장에도 많은 투자를 했다. 2017년 4월에 완공된 보카주니어스 훈련장은 연습구장만 9개(천연 잔디 8면,

보카주니어스 훈련장

인조 잔디 1면)가 있으며, 체력단련실, 식당, 각종 편의 시설이 명문 팀답게 규모도 크고 아주 잘 되어 있다. 현재도 보카주니어스는 아르헨티나 선수뿐 아니라 다른 남미 국가의 어린 선수들을 육성하고 있다.

가장 열기가 뜨거운 경기는 라이벌팀끼리 붙는 클라시코다. 스페인어로 클라시코clásico는 오랜 기간 치열한 라이벌 의식이 형성된 축구팀 간의 더비 매치를 가리킨다. 보통은 같은 지역을 연고로 하는 축구팀이 맞붙을 때 더비 매치가 되기 쉽다. 축구역사가 긴 아르헨티나에는 지역별로 많은 클라시코 경기가 있다. 주요 클라시코 경기는 다음과 같다.

- 수페르 클라시코: 리베르플레이트 vs 보카주니어스
- 아베샤네다 클라시코: 인데펜디엔테 vs 라싱클럽

- 로사리오 클라시코: 로사리오센트랄 vs 뉴웰스올드보이스
- 클라시코 플라텐세: 에스투디안테스라플라타 vs 힘나시아라플라타
- 엘 산타페시노: 콜론산타페 vs 우니온데산타페
- 엘 코르도베스: 타쉐레스데코르도바 vs 벨그라노
- 엘 투쿠마노: 산마르틴투쿠만 vs CA투쿠만
- 클라시코 델 노르테 아르헨티노: 힘나시아후후이 vs 힘나시아살타
- 클라시코 델 오에스테: 훼로카릴오에스테 vs 벨레스사르스필드

아르헨티나 프로팀들은 기업이나 시가 운영하는 한국 프로팀들과 달리 구단 회원들이 운영 주체다. 모든 구단에는 수많은 구단 회원이 있고 구단을 관리하는 운영진과 구단주, 부구단주가 있다. 한국처럼 기업이나 시의 돈으로 프로팀을 운영하는 게 아니라 구단 회원이 매달 내는 회비, 관중 수입, 중계료, 구단 이름을 활용한 사업, 선수 이적료 등으로 운영한다(하부 리그 팀들은 이 수입이 부족해서 구단주의 사비로 운영되

리베르플레이트 팬들

기도 한다).

팀의 구단주는 회원 투표를 통해 선임되며 임기는 구단마다 다르지만, 보통 5년이다. 보카주니어스는 1,00,000명, 리베르플레이트는 97,618명이 회원으로 등록되어 있다. 보카가 서민 회원이 많다면 리베르는 중산층 이상 회원이 많다. 아르헨티나 구단은 이 회원들의 관심과 헌신으로 운영되고 있다고 할 수 있다.

아르헨티나의 어린 선수들이 꿈꾸는 무대

메시, 마스체라노가 뛰는 스페인 라리가, 이과인, 디발라가 뛰는 이탈리아 세리에A, 아구에로, 라멜라 선수가 뛰는 잉글랜드 프리미어리그, 디마리아, 파스토레 선수가 뛰는 프랑스 리그앙…….

아르헨티나 출신으로 해외에서 뛰는 세계적인 선수들이 많다. 우리나라의 박지성 선수가 맨체스터유나이티드에서 활약할 당시, 한국의 어린 선수들이 프리미어리그에서 뛰고 싶어했던 것처럼 아르헨티나의 어린 선수들 또한, 그들의 우상이 뛰는 리그에서 뛰고 싶어한다. 그중 아르헨티나 유소년 선수들이 가장 손꼽는 리그와 팀은 스페인 라리가의 FC바르셀로나다.

FC바르셀로나와 아르헨티나는 인연이 깊다. 마라도나, 리켈메, 사비올라, 마스체라노, 밀리토, 로페스, 소린, 메시 등등 아르헨티나의 국민 영웅들이 FC바르셀로나 유니폼을 입고 활약했기 때문이다. 그들의 이름이 붙은 FC바르셀로나 유니폼은 아직도 아르헨티나 현지에서 인기다. 전 세계에 많은 팬을 보유한 FC바르셀로나는 아르헨티나 유소년 선수들에게도 선망의 대상이다.

아르헨티나 선수들은 이탈리아 세리에A에서도 인기가 높다. 그 이유

세리에A에서 뛰는 파울로 디발라

중 하나는 팀에 아르헨티나 선수가 있으면 팀 분위기가 확 바뀔 정도로 팀에 좋은 에너지를 넣어주고 강한 투쟁심으로 임하기 때문이다. 그래서 이탈리아 구단들이 아르헨티나 선수들을 선호하고 많이 데리고 간다.

아르헨티나 구단들은 능력이 있는 선수라고 판단되면, 어린 나이라도 일찍 성인 2군 팀으로 올려서 경험을 쌓게 한다. 성인 2군 팀이 중요한 이유가 여기에 있다. 어린 선수에게 프로 선수의 훈련을 겪게 해서 더 성장시킬 수 있는 무대이기 때문이다.

아르헨티나 선수는 동양인 선수보다 성장이 빠르고 신체 조건이 좋아서 18세에 프로 데뷔하는 선수가 많다. 각 구단이 어린 선수를 일찍 성인 무대에 데뷔시키는 까닭은 2~3년 프로에 적응시키면 유럽 구단에 많은 돈을 받고 이적시킬 수 있어서이다. 디발라, 아구에로, 디마리아, 사비올라 등이 16~18세에 프로 데뷔하고 2~3년 뒤 유럽으로 이적한 선수들이다. 이렇게 어린 나이에 프로 데뷔하는 선수들은 1~2부 리그의 빅클럽에 많다. 오히려 하부 리그 팀에서 일찍 데뷔하기가 쉽지 않다. 3~4부 리그의 주전 선수들은 대개 1~2부 리그에서 뛰었던 선수들이 많고, 이런 팀에 있는 유스 선수들은 아무래도 빅클럽 유스팀의 선수들보다 능력이 부족하기 때문에 빠른 데뷔가 쉽지 않다.

세계적인 선수들이 많은 나라답게 아르헨티나에서는 축구 에이전트 산업이 발달했다. 한국에서도 성인 선수는 에이전트가 이적과 서류 업무 등을 도와주며 관리해주지만, 아르헨티나에서는 가치가 있다고 판단되면 유소년과 청소년 선수들에게도 에이전트가 붙는다. 재능 있는 선수는 일찍 에이전시와 계약하고 담당 에이전트가 선수를 관리해주고 성장을 물심양면 돕는다. 그 선수가 프로 선수가 된다면 에이전시는 큰 이익을 얻을 수도 있어서 될성부른 나무에 미리 투자하는 것이다. 계약하면 에이전트는 그 선수의 모든 법적 권한을 가지고 일하게 된다.

에이전트들이 좋은 취지로 선수의 성장을 돕고 합당한 이익을 얻는 것은 문제가 없지만, 간혹 일부 몰상식한 에이전트들이 선수로 돈을 벌겠다는 마음이 강한 나머지, 어린 선수를 물건처럼 대하고 농간을 부리는 바람에 좋은 재능을 꽃피우지 못하고 운동을 접는 선수도 나오고 있다.

축구 에이전트 산업은 어느 나라나 말도 많고 탈도 많다. 축구 시장이 너무 커버려서 선수들의 몸값은 상상을 초월할 정도로 뛰어버렸고, 다들 큰돈을 벌고 싶은 마음에 주변의 달콤한 이야기와 유혹에 넘어가서 선수

생활을 제대로 하지 못한 채 그만두는 선수도 많이 볼 수 있다. 그래서 구단과 에이전트는 선수가 성장하면서 자신의 능력을 100% 발휘할 수 있는 환경을 만드는 데 힘써야 하고, 선수도 그런 환경을 택해서 뛰는 것이 바람직하다.

현재 축구 시장은 점점 더 커지고 있으며, 전 세계 많은 아이가 축구와 관련된 업종에서 일하기 위해 준비하고 있다. 여기서 중요한 것은 마음가짐이라고 생각한다. 나만의 이익보다 선수의 발전을 먼저 생각하는 마음이 첫 번째가 되어야 한다. 에이전트는 숨은 조력자다. 선수에게 더 좋은 기회를 주기 위해 희생하고 연구해야 한다. 눈앞의 이익 때문에 움직이지 않고, 멀리 보고 선수의 행복을 위해 뛰는 에이전트가 결국, 축구 시장에서 좋은 결과를 낼 수 있다.

5장

한국 축구와
아르헨티나 축구의 차이

꿈을 품고 아르헨티나에 온 어린 한국 선수들

축구 강국 아르헨티나에는 콜롬비아, 페루, 파라과이, 우루과이, 일본, 중국 등등 다양한 국가의 아이들이 축구선수의 꿈을 품고 온다. 아르헨티나의 다양한 클럽에서 축구를 배우고 있다. 그들을 보며 나는 아르헨티나 축구 시스템으로 한국 선수를 길러내는 일을 하고 싶었고, 지금 다양한 연령대의 한국 선수들을 데려와서 그들 수준에 맞는 팀으로 보내 지도하며 키우고 있다. 부모가 어린 자식을 타지로 보낸다는 게 대단히 어려운 일이지만, 나를 믿고 맡기신 것이다. 막중한 책임을 느낀다.

내가 아르헨티나에 처음 데리고 온 선수들의 나이는 만 12~13살 정도였다. 어릴수록 틀에 박힌 습관이 없고 배우려는 의욕이 강해서 발전 속도가 빠르다. 그들에겐 축구 교육도 중요하지만, 어린 선수답게 축구를 즐기며 행복했으면 했고, 아르헨티나의 문화를 배우는 값진 시간이 되었으면 했다. 그 아이들은 나와 같이 생활했고, 훈련은 내가 맡은 팀에서 또래의 아르헨티나 선수들과 함께했다. 팀 훈련이 없는 날에는 내가 데리고 다니면서 훈련을 시켰다. 군에서 취사병을 했던 특기를 살려서 아이들의 식사를 손수 만들어주었고, 학교, 어학원, 풋살, 관광 같은 일정도 내가 따라다니며 챙겼다. 그러다 보니 단순한 코치와 선수의 관계가 아니라 한 식구처럼 지냈다.

하루 24시간을 아이들과 최대한 알차게 보내기 위해 노력했다. 운동과 공부를 병행하게 했고 아이들이 잘 모르는 부분은 주입식이 아니라 스스로 노력해서 깨우칠 수 있게끔 힘썼다. 주입식 교육에 익숙한 아이들이라 처음에는 그런 방식에 힘들어했지만, 나이가 어린 덕인지 습득 속도가 빨랐다. 점점 자기 생각을 표현하고 외국 친구들과 소통하기 위해 언어를 공부하는 모습이 아주 대견했다. 팀 훈련을 마치면 현지 선수들과 경쟁하면서 느낀 자신들의 부족함을 얘기하며 나에게 추가 훈련을 요청하기도 했다. 아이들의 그런 적극성이 나는 마음에 들었고 아이들 옆에서 그들의 성장을 돕는 일에 보람을 느꼈다.

한국 선수들은 대부분 주입식 교육과 수직관계 속에서 자라온 탓인지 아르헨티나에 처음 왔을 때 보면 말과 행동이 많이 경직되어 있다는 느낌을 받았다. 이는 운동장에서도 마찬가지였다. 한국에서 보고 배운 관행들이 선수가 자신의 재능을 펼치는 데 걸림돌이 되고 있다는 생각이 들었다.

아이들이 아르헨티나에 온 지 한 달이 되었을 무렵, 한 아이가 나에게 말했다.

"아르헨티나 애들은 연습인데도 너무 강하게 하고 자체 경기에서도 목숨을 걸고 뛰는 것처럼 치열하게 경기해요."

나는 그동안 겪은 아르헨티나의 축구 문화와 이곳 아이들의 열정에 관해 설명했다. 얘기를 들은 아이들은 그제야 운동장이 치열한 전쟁터라는 사실을 깨닫기 시작했다. 매 순간 자신 있고 즐겁게 뛰되 정말 진지하고 후회 없이 운동해야 한다는 걸 알게 된 것 같았다.

시간이 지날수록 아이들의 경직되었던 몸과 마음은 점차 풀렸다. 본인들이 좋아해서 하는 운동을 지도자의 눈치를 보고 실수할까 두려워하며 했던 아이들이 이곳에 와서 점점 변화되는 모습을 보니 축구를 잘하고 못하고를 떠나 뿌듯한 마음이었다.

한국 선수들이 아르헨티나에서 축구를 하면서 가장 좋아했던 점은 훈련 분위기였다. 지도자 눈치 볼 필요 없이 내 실력을 있는 그대로 보여줄 수 있는 곳이라는 걸 느꼈기 때문이었다. 훈련이 치열해서 격한 몸싸움도 자주 나오고 늘 경쟁해야 하지만, 아르헨티나 선수들과 소통하며 한 팀을 이루는 부분에 매력을 느껴 다들 훈련 시간을 기다렸다.

또 아르헨티나 지도자의 말과 행동도 아이들 마음을 편하게 했다. 아르헨티나 지도자들이 선수들에게 가장 강조하는 점은 운동장에서 조급한 마음을 버리고 여유를 가지라는 것이다. 축구는 판단 싸움이기 때문에 내가 여유가 없고 조급하면 경기장에서 좋은 모습을 보여줄 수가 없다. 기본 틀은 감독과 코치가 잡아주지만, 경기중에 맞닥뜨리는 모든 상황에 대한 첫 번째 판단은 선수에게 맡긴다. 공 가진 선수도 생각하고 공 없는 선수도 생각하게 하는 환경을 훈련에서부터 만들어주니 한국의 어린 선수들은 마음 편히 즐겁게 축구를 배울 수 있어서 좋아했다.

아르헨티나 선수들과 함께 뛰는 한국 선수

아르헨티나인에게 한국 축구는 2002년 월드컵을 개최하고 4강에 간 나라로 알려져 있다. 박지성, 손흥민을 알고, 한국팀은 빠르고 조직적인 축구를 구사한다고 이야기한다. 그러나 한국과 아르헨티나는 교류가 많지 않아서 아르헨티나인 대부분은 한국을 잘 알지 못한다. 축구 스타일이 전혀 다른 나라이기 때문에 교류한다면 서로에게 좋은 자극이 되지 않을까 한다.

아르헨티나에서 뛰는 이한승, 성윤수, 남유준 선수

아르헨티나 현지 지도자들이 본 한국 선수

아르헨티나 지도자들이 꼽는 한국 선수의 장점은 모든 기술을 골고루 구사한다는 점과 배우려는 자세가 아르헨티나의 어떤 선수들보다도 좋다는 점이라고 이야기한다. 한국 선수는 어떤 훈련을 시켜도 묵묵히 소화한다. 그런 모범적이고 성실한 태도 덕분에 발전 속도가 빠르고 아르헨티나 선수들에게도 자극이 된다고 한다. 아르헨티나 선수들은 개인 성향이 강하며 팀을 위해 나를 희생한다는 생각을 잘 하지 않는다. 축구 경기하는 모습만 봐도 1대1 싸움을 먼저 걸며 팀 전술보다는 개인의 힘으로 경기를 풀어나가려는 성향이 강하다. 그래서인지 좋은 선수는 계속 나오고 있지만, 원팀으로 뭉치기가 쉽지 않다. 반대로 한국 선수의 단점은 판단력이 부족하고 이기려는 의지가 떨어지는 점이라고 이야기한다. 훈련에선 드리블, 패스, 킥, 퍼스트 터치 모두 좋은데, 경기에선 그걸 제대로 활용하지 못한다고 한다. 경기장에선 판단력이 좋아야 기술을 적재적소에 구사할 수 있는데, 그런 판단력이 부족하고, 이기겠다는 욕구도 아르헨티나 선수보다 떨어진다고 한다. 마음이 여리고 착한 것이 경기장에선 큰 단점이 될 수 있다.

아르헨티나에 처음 온 한국 선수들은 기술은 있지만, 피지컬이 약하고 몸싸움에서 소극적인 모습을 보여주는 경우가 많다. 수비 없이 공 다루는 모습을 보면 일반적인 아르헨티나 선수보다 훌륭한데, 수비가 붙으면 약한 모습을 보여준다고 이곳 지도자들은 말한다. 아르헨티나의 축구는 피지컬을 바탕으로 한 기술 축구를 구사하기 때문에 어릴 때부터 몸싸움을 적극적으로 한다.

한국의 유소년 선수부터 성인 선수까지 아르헨티나 클럽에서 처음 경기하는 걸 보면, 한국식 조직 축구에 익숙해서 그런지 드리블해야 하는 상황에서도 주변 동료에게 빨리 패스하려는 습관이 눈에 띈다. 여유가 없고 늘 조급해 보이는 모습이 아쉬웠다. 나라마다 축구 스타일이 달라서 뭐가 정답이라고 할 순 없지만, 어느 나라를 가든 축구 잘하는 선수는 남다른 점이 분명히 있다. 축구선수는 욕심이 있어야 하고 자기 포지션에서 경쟁력이 있어야 치열한 경쟁에서 살아남을 수 있다. 승부의 세계는 냉정하기 때문에 나는 어린 선수들에게 강해져야 한다고 자주 이야기한다. 아르헨티나로 유학 온 한국 선수들은 뛰어난 재능보다는 가능성만 있는 선수들이 대부분이지만, 그들이 상대해야 할 현지 클럽의 아르헨티나 선수들은 하나같이 재능을 갖춘 쟁쟁한 선수들이다. 그래서 한국 선수는 아르헨티나 선수보다 더 노력해서 경쟁력을 키워야 했다. 그 결과, 한 해 한 해 지나면서 한국 선수들은 크게 성장했고 점점 아르헨티나 선수들과 격차가 줄어들었다. 지금은 아르헨티나의 청소년 클럽에서 주전 자리를 꿰찬 한국 선수들도 있다. 2017년 만 18세가 되는 한국 선수 중 두 명이나 현지 클럽과 계약이 성사되었다. 이런 과정을 보면서 선수에게 필요한 것은 눈앞의 성적보다 선수를 잘 성장시킬 수 있는 환경이라는 것이다. 좋은 환경에서 뛴다면 분명 좋은 성적도 따라올 것이라 믿는다.

축구 스타일의 차이

아르헨티나의 선수들은 운동장에 들어서면 잘하고 못하고를 떠나 자신감이 넘치고 실수하더라도 주눅이 들거나 눈치를 보지 않았다. 본인이 패스 미스해놓고 공 받을 선수에게 왜 안 움직이느냐고 오히려 화를 내는 모습을 보면서 처음엔 다들 욕심이 지나치다고만 생각했다. 하지만 시간이 지나면서 이해가 갔다. 아르헨티나 유소년 선수들은 축구장에서 자신의 존재를 부각하지 않으면 경기에 나가기 힘들다는 걸 잘 알고 있다. 그래서 연습 때도 전쟁처럼 임한다.

축구선수에게 운동장은 그들의 일터다. 축구선수를 꿈꾼다면, 운동장에서만큼은 자신이 있어야 하고 절대로 기가 죽어선 안 된다. 내 축구부 시절이나 한국의 어린 선수들을 떠올리면 늘 감독의 눈치를 보고 경기 중에 행여 실수라도 할까 두려워하며 자신 없이 뛰는 경우가 많았다. 지금도 한국의 초중고 선수들을 보면, 몇몇 잘하는 선수를 제외하고는 지도자의 쓴소리가 무서워서 눈치를 보며 뛰는 선수가 많고 경기장에서 조용한 조연 역할에 그치는 모습이 아쉬웠다. 선수는 운동장에서 가장 빛이 나고 눈빛부터 초롱초롱해야 하는데, 한국의 축구 환경에서는 그게 어렵다는 걸 나도 너무나 잘 알고 있다. 선수의 노력도 필요하겠지만, 한국 지도자분들도 운동장에서만큼은 아이들의 기를 좀 팍팍 살려주셨으면 하는 바람이다.

2015년 12월, 나는 아르헨티노주니어스 U-16팀을 데리고 20일간 한국으로 동계 훈련을 갔다. 아르헨티노주니어스 U-16팀은 2015년 당시 AFA 1부 유스 리그 15개 팀 중 8위를 기록했으며, 아르헨티나 해당 연령대 팀 중 중상위권의 실력을 갖춘 팀이었다. 디에고 마라도나, 호세 페케르만이 이 팀의 선수 출신이다. 나는 선수와 코치 23명과 함께 한국 땅을 밟았고, 양산, 진주, 울산을 돌며 한국의 고등학교팀들과 친선 경기를 했다. 승패를 떠나 우리에겐 좋은 경험과 추억이었다. 두 나라 선수들의 훈련과 경기 그리고 숙소 생활을 지켜보면서 차이점을 확연히 느낄 수 있었다. 아르헨티나 선수들은 굉장히 자유분방하고 어딜 가든 시끌벅적하

다. 말하기 좋아하고 흥이 많은 나라의 아이들답게 한국 선수들과도 금세 친해지고 몸짓 발짓 섞어가며 거침없이 이야기하려는 모습이 대단했다. 반면 한국 선수들은 외국 선수들과 같은 숙소에서 생활한 경험이 처음이어서 그런지 아르헨티나 선수들을 피해 다녔고, 데면데면 신기하게 바라볼 뿐이었다.

경기장에서도 두 나라 선수들은 전혀 다른 모습이었다. 아르헨티나 선수들은 경기장 밖에선 장난스럽고 유쾌했지만, 경기장에선 전투에 나서는 병사처럼 진지했다. 어려도 프로 선수에 가까운 태도였다. 친선 경기라도 승리를 향한 욕구가 강했고, 전투적이었다. 친선 경기인데 아르헨티나 선수가 너무 거칠다고 심판에게 호소하는 한국팀도 있을 정도였다. 아르헨티나에서는 이런 모습이 흔하다.

여러 경기를 통해 한국 선수들과 경기장에서 부딪쳐보니 차이가 보였다. 기술이나 전술 차이보다 멘탈의 차이가 크다고 생각한다. 아무리 좋은 기술이 있어도 멘탈이 강하지 않으면 자기 능력을 100% 보여주기 어렵다. 경기장에서 실수를 두려워하며 자신 없게 뛰는 한국 선수들의 모습이 안쓰러울 따름이었고, 그건 멘탈을 키우지 못하는 환경 탓이란 생각이 들었다. 경기를 마치고도 제대로 쉬지 못하고 야간에 또 훈련하고, 다음날 새벽에 일어나 줄넘기하는 모습을 보니 어릴 적 생각이 났다. 한 한국 선수가 주차장에서 줄넘기를 하고 있길래 너는 그 운동을 뭘 위해 하느냐고 물었다. 그랬더니 "그냥 해요"라고 했다. 그래서 네 장단점은 뭐냐고 물었더니 "장점은 모르겠고, 단점은 기본기 부족이요"라고 했다. 그러면 줄넘기하고 있을 시간에 부족한 개인기를 길러야 하지 않겠느냐고 말해줬더니 고개를 끄덕였다.

자신의 장단점도 모른 채, 잠도 체력도 부족한 나이에 하루 세 차례나 훈련했던 그 시절과 별로 다르지 않았다. 휴식도 훈련의 일부라는 개념은 아직도 부족했다. 나는 한국의 훈련량을 알고 있기에 놀라진 않았지만, 아르헨티나 코치들은 매우 놀라는 눈치였다. 저렇게 훈련을 많이 하면 언제 선수들은 쉬고 다음 경기는 어떻게 뛸지 염려했다. 두 나라의 관행이 다른 만큼, 지도자들이 훈련을 진행하는 방식도 차이가 있음을 느꼈다.

당시 우리 선수단은 양산의 통도사 호텔에 묵었다. 호텔에는 다양한 한국팀들이 전지 훈련하러 와 있어서 두 나라 선수들의 생활 모습을 자연스럽게 서로 볼 수 있었다. 아르헨티나 유스팀에선 코치진이 직접 축구공부터 마커, 조끼, 훈련복, 경기복까지 다 챙겼다. 훈련 때마다 훈련복을 선수들에게 나눠주고 훈련이 끝나면 걷어서 코치진이 손수 빨래하고 말렸다(사실 아르헨티나의 모든 클럽에는 장비 담당이 따로 있지만, 한국 원정에는 데려오지 않아서 코치진이 챙긴 것이다). 이런 모습이 한국 선수에겐 신선해 보였는지 하루는 어떤 한국 친구가 세탁실에서 나에게 물었다.

"아르헨티나 애들은 자기 유니폼 자기가 안 빨아요?"

그 친구는 나와 아르헨티나 코치 한 명이 세탁기 돌리는 모습이 안쓰러웠는지 자기가 해주겠다고 했다. 같은 한국 사람으로서 외국 지도자까지 배려하려는 마음이 예뻐 보였다. 이 얘기는 다른 한국 선수들에게도 알려졌고, 그 뒤로 한국 선수들은 호텔에서 나를 마주칠 때마다 한국과 다른 아르헨티나 축구 문화에 관해 이것저것 물어보기 시작했다.

두 나라 문화를 알고 있는 나로선 한국 선수들의 순수한 질문들에 많이 웃기도 했다. 서로 자라온 환경과 생각이 다른 두 나라 선수들에게는 값진 경험이 되고 좋은 동기부여가 되었으리라 생각한다.

한국 고교팀과 경기하는 아르헨티노주니어스 U-16팀

한국에 온 아르헨티노주니어스 U-16팀 코치진

아르헨티나의 청소년팀이 한국으로 동계 훈련을 온 게 처음이다 보니 많은 주목을 받으며 한국의 다양한 고등학교팀들과 친선 경기를 할 수 있었다. 경기를 통해 두 나라의 팀이 경기를 풀어가는 방식과 지도자가 선수에게 요구하는 것들이 많이 다름을 알 수 있었다.

우리가 만난 한국팀들은 조직력을 바탕으로 빠른 템포의 패스 축구를 구사했는데, 대부분 개인플레이보다 팀플레이 위주로 돌아갔고 상대편 진형까지 가도 개인 돌파로 다양한 상황을 연출하기보다 골대 앞에서조차 패스를 거쳐 슛 기회를 만들려고 했다. 수비에서도 맨투맨 수비보다는 조직력을 바탕으로 한 지역 방어를 우선시했다. 반면, 아르헨티나팀은 조직력은 두 번째이고, 개인 능력을 바탕으로 한 축구를 했다. 경기장 안에 들어선 순간, 패스를 하든 드리블을 하든 모든 판단은 선수가 한다는 식이고, 선수가 선택한 드리블로 더 좋은 상황을 만들 수 있다면, 그 선수는 지체 없이 1대1 돌파를 선택한다. 다른 선수들은 공을 가진 선수를 기준으로 약속된 틀 안에서 좋은 기회를 만들 수 있도록 움직여준다.

플레이 속도도 다른데, 아르헨티나팀은 한국팀처럼 모든 선수가 빠른 템포로 움직이는 게 아니고, 수비형 미드필더가 게임메이커 역할을 하면서 팀플레이의 완급을 조절하며, 상대 진형에 들어선 순간, 1대1 돌파 등 과감한 플레이를 선택하는 경우가 많다. 수비 시에는 지역 방어보다는 1대1 대인 방어를 적극적으로 한다. 한국에서 보기엔 파울이라는 생각이 들 정도로 수비가 거칠다. 상대 공격수가 자기 진영으로 들어오면, 거리를 두고 지연하기보다 나가서 강한 몸싸움을 걸며 수비한다.

한국팀은 아르헨티나 현지에서 한 번도 겪지 못한 스타일이라서 우리 팀은 초반에 갈피를 잡지 못했다. 첫 경기에서 우리 팀은 한국팀의 빠른 템포에 당황했고, 첫 골도 쉽게 내주면서 고전이 예상되었다. 그러나 전반 20분이 지나자 아르헨티나 선수들이 한국 선수의 플레이와 인조 잔디에 적응하기 시작했고, 원래 우리가 늘 하던 플레이를 보여주면서 전반 종료 직전 동점 골을 넣었다. 후반에는 한국팀을 더 압박하면서 훌륭한 경기력으로 3골을 넣고 4대1로 승리했다.

그 뒤에 치른 경기에서도 대부분 비슷한 경기 내용이었다. 한국팀들과 경기하면서 느낀 점은 모든 팀이 조직력을 중시한 패스 축구여서 색깔이 다 비슷했다는 것이었다. 경기 초반 아르헨티나팀에 골을 못 넣으면 후반으로 갈수록 한국팀이 밀리는 형국이었다. 두드러지게 보이는 차이라면 1대1 돌파에 자신 있는 아르헨티나 선수들은 어떤 상황에서든 당황하지 않고 다양한 수로 경기를 풀어간다는 점이었다. 조직력이 우선인 한국 선수들은 개인 돌파보다는 무조건 패스를 먼저 선택했는데, 그 점이 내 눈에는 아쉬웠다. 그 플레이 말고는 없었기에 한국팀과 경기하면 초반 20분만 고전했고, 파악된 이후로는 상대하기가 편했다. 아르헨티노주니어스 U-16팀은 상대 한국 선수들보다 1~2살 어린 선수들이었지만, 개인기, 피지컬, 멘탈이 좋아서 상대를 힘들게 했다.

아르헨티나에선 어떤 팀이든 드리블과 패스가 뛰어난 키플레이어를 데리고 있다. 예를 들면 메시, 디마리아, 디발라, 라멜라 같은 유형의 선수다. 아르헨티노주니어스 U-16팀에도 키플레이어 역할을 해줄 수 있는 선수가 3명 있었다. 이 선수들이 한국팀들과 경기에서도 다양한 골을 넣으며 활약했다. 그러나 상대한 한국의 여덟 팀 중에서는 이런 키플레이어를 단 한 명도 보지 못했다. 팀플레이에 비중을 둬서 그런지 드리블 돌파를 시도하는 선수를 찾아보기 어려웠고, 감독님들 또한, 드리블을 자제시키고 빠른 패스를 요구하는 모습이었다. 골문 근처라면 1대1 돌파로 슛도 노려봐야 할 텐데, 옆의 선수에게 패스하는 경우가 많았다. 상대 선수이니 우리 팀에겐 다행이었지만, 선수는 실수하더라도 모험해야 할 때는 모험해야 배울 수 있는 법인데, 실수를 두려워하고 패스만 고집하는 모습에서 왜 한국에선 자기만의 색깔을 가진 선수들이 안 나오는지 알 수 있었다.

한국에서 마지막 경기를 마치고 상대 팀 감독님이 오셔서 우리 선수들 나이를 물어보셨다. 한국 선수보다 한두 살 어리다는 답을 들으시고는 이렇게 말씀하셨다.

"우리 팀은 대학교팀하고 붙어도 이렇게 골을 많이 먹지 않는데, 아르헨티나 선수들 경기력을 보고 놀랐네. 강하다는 소문을 듣고 준비했는데도 차이를 느꼈어. 어린데도 축구를 알고 하는 것 같아. 전술도 중요하지만 역시 개인 능력이 제일 중요한 것 같아. 한국 축구는 변해야 해."

한국 일정을 통해 느낀 것 중 하나는 좋은 성적을 내려면 지도자가 자신의 팀 전술에 맞는 선수를 육성해야 하고, 선수의 성장을 위해 조급함보다 여유를 가지고 희생하고 노력해야 한다는 것이었다.

당시 한국에 갔던 아르헨티나주니어스 선수들 대부분은 성인 2군 팀으로 올라갔고, 그 중 카펠리노 선수는 성인 1군 팀과 2022년까지 프로 계약을 맺었으며, 18살엔 아르헨티나 U-20 대표팀에 선발되기도 했다.

메시와 함께 있는 카펠리노 선수

프로 첫 계약

아르헨티나 선수들이 개인기가 뛰어난 이유

축구선수를 꿈꾸는 아이들은 메시, 호날두, 네이마르 같은 선수를 동경한다. 이 선수들의 장점은 수비수 2~3명을 순식간에 제치는 드리블 능력을 갖추고 있다는 점이다. 메시를 비롯해 디발라, 디마리아, 라멜라 등 아르헨티나에선 드리블이 강점인 선수들이 축구장에 많이 보인다.

아르헨티나는 한국과 달리 유소년 시기에 전술 훈련을 거의 하지 않고 개인 기량을 키우는 데 중점을 둔다. 물론 포지션마다 해야 할 행동과 하지 말아야 할 행동이 있긴 하지만, 포워드와 미드필더는 상대 진영으로 공이 넘어가면 1대1 돌파를 자주 시도한다. 경기장에서 내리는 모든 판단은 선수의 몫이라는 아르헨티나 지도자의 철학이 반영된 것이다. 이 점이 드리블 능력을 키우는 계기가 되었다고 본다. 드리블은 반복 훈련을 통해서 자기 것이 되며, 경기장에서는 드리블해야 할 타이밍을 잘 알아야 팀에 도움이 되는 상황을 연출할 수 있다.

드리블 많이 하는 선수는 시야가 좁다는 이야기도 있는데, 이는 경기를 읽지 못하고 목적이 없는 드리블하는 바람에 경기 템포를 끊기 때문이다. 따라서 드리블도 무조건 시도하기보다는 목적이 있어야 한다. 목적이 있는 드리블은 패스를 위한 드리블, 슈팅을 위한 드리블, 크로스를 위한 드리블. 이 세 가지로 나눌 수 있다.

드리블을 잘하고 싶다면 축구를 처음 시작하는 단계에서부터 자세, 리듬감, 타이밍 잡는 훈련을 해야 하며, 경기장에서 기회가 생길 때마다 써 봐야 비로소 자기 것으로 만들 수 있다. 드리블은 단체 훈련이 아닌 개인 훈련으로 충분히 익힐 수 있다. 세계적인 선수들의 다양한 드리블 동작은 자세가 높아서는 나올 수 없으므로 반드시 자세를 낮추고 익히는 것이 중요하다.

다만, 드리블은 연습한다고 모든 선수가 세계적인 선수만큼 잘할 수는 없다. 아르헨티나 선수들을 보면 몸의 밸런스, 리듬감, 유연성을 갖춘 선수가 습득도 빨랐다. 메시, 네이마르, 디마리아, 산체스처럼 드리블을 잘하는 선수들은 타고난 재능에 폭발적인 스피드까지 있어서 자신이 가진 기술을 경기에서 쉽게 보여줄 수 있었다. 선천적으로 밸런스, 리듬감, 유연성이 부족한 선수는 노력으로 어느 정도 좋아질 순 있겠지만, 한계가 분명하다. 그런 선수는 자기가 하기 어려운 것보다는 잘할 수 있는 것에 집중해서 그에 맞는 플레이를 선택하는 것이 선수 발전에 도움이 된다고 생각한다

수직관계의 한국과
수평관계의 아르헨티나

로마에 오면 로마법을 따르라는 말처럼 나도 아르헨티나에 도착한 뒤, 아르헨티나 사람들처럼 생각하고 살아가기 위해 노력했다. 축구장에서도 내 생각보다는 아르헨티나 지도자들이 선수들을 관찰하고 지도하는 방법을 메모했다.

한국에서 겪은 지도자와 선수의 관계는 수직관계였다. 소위 갑을관계에 가깝다고 생각했다. 선수는 지도자 말에 무조건 복종해야 한다고 배웠다. 지도자에게 잘못 보이면 경기에 못 나가거나 혼나서 어릴 때부터 지도자는 다가가기 어려운 존재라고 느꼈다. 이런 나에게 아르헨티나의 축구 문화는 신세계였다. 가장 크게 보이는 점은 선수와 지도자의 관계였다. 아르헨티나에선 지도자가 선수를 때리는 일은 본 적이 없고, 만일 한국처럼 지도자가 선수를 때린다면, 그 지도자는 바로 해임될 수 있다. 아르헨티나에선 지도자와 선수의 관계가 누가 누굴 일방적으로 누르고 갑질하는 관계가 아니라 서로가 꼭 필요하다고 느끼는 수평관계라고 할 수 있다. 아무리 능력이 있는 지도자라도 선수가 없다면 좋은 지도자가 될 수 없고, 아무리 재능이 있는 선수라도 가르쳐줄 지도자가 없다면 성장할 수 없다. 이런 수평관계의 아르헨티나의 선수와 지도자를 보면서 이

것이 분명 선수의 성장에도 좋은 영향이 있겠구나 하는 생각이 들었다.

훈련하는 아르헨티나 선수들이 코치의 의견을 듣고 어린 나이에 본인의 생각을 이야기하고 소통하는 모습이 내가 아르헨티나에 도착하고 첫 번째로 느낀 문화 충격이었다. 지도자들은 늘 마음이 열려 있었고, 어린 선수의 의견도 충분히 들어주면서 그 의견이 자신과 다를 때는 그 선수를 따로 불러 이해를 시켰다.

지도자가 아이 눈높이에 맞춰준다고 해서 지도자에게 버릇없게 구는 선수는 보지 못했다. 서로 공생하는 관계이고 공과 사가 확실하기 때문이다. 도가 지나친 행동에는 책임이 따른다는 걸 어린 선수들도 잘 알고 있다. 아르헨티나 선수들은 자유분방하지만, 운동장 안에선 지도자 말에 경청하고 이해하려고 노력할 수밖에 없다. 주말 리그에 선발로 나갈 선수를 결정하기 위해 지도자가 늘 지켜보고 있음을 알고 있기 때문이다.

지도자는 선수들이 운동장에 나와 운동에만 집중할 수 있는 환경을 만드는 데 힘쓴다. 아르헨티나에선 유소년, 청소년, 프로 선수들까지 모든 선수가 오로지 축구에만 집중할 수 있는 환경이다. 훈련할 때 아르헨티나 코치들이 운동에 필요한 기구와 장비를 다 챙겨주기 때문이다. 아이들 지도하는 일에 더해서 신경 써야 할 일이 한둘이 아니다. 내가 한국에서 운동할 때를 떠올리면 훈련에 필요한 모든 장비는 선수들이 다 챙겨야 했다. 공에 바람이 빠져 있으면 선배들에게 혼나고 공을 잃어버리면 돈을 걷어 새 공으로 채워 넣었다. 아르헨티나 코치와 커피를 마시면서 이런 이야기를 하니 놀라워하면서 한국은 지도자 하기 좋은 나라라며 웃었다. 문화가 너무 다르다고 느꼈다.

장비를 손수 챙기는 아르헨티나 유소년팀 코치들

선수의 상태를 살피는 지도자

지도자의 말을 편하게 듣고 있는 아르헨티나 선수들

6장

행복한 축구를 위하여

한국인으로 데포르티보에스파뇰의 운영이사가 되다

축구지도자의 꿈을 품고 아르헨티나에 와서 나는 운 좋게 아르헨티나의 축구 클럽에서 코치로 일할 기회를 얻었다. 나의 본분은 코치이지만, 같은 비전을 공유하는 현지 지도자, 에이전트 등과 함께 축구 컨설팅 회사를 차렸다. 우리 회사는 아르헨티나를 비롯한 남미와 아시아 선수들에게 그들 수준에 맞는 아르헨티나 팀을 알아봐 주고 아르헨티나 지도자와 프로 선수의 이적까지 도와주고 있다. 그밖에도 축구 아카데미를 운영하며 아이들에게 축구를 가르치고 있다. 그런 내 모습을 본 주변의 아르헨티나 친구들은 축구 코치가 참 다양한 일을 한다고 말한다.

일하면서 느낀 점은 사람마다 그릇이 있다는 것이다. 여기서 그릇이란 내가 감독을 하고 싶다고 할 수 있는 게 아니라 자신의 능력이 받쳐줘야 한다는 얘기다. 많은 선수를 품을 수 있는 그릇이 되어야 빛을 볼 수 있고 선수들도 그런 감독을 만나야 성장할 수 있다.

아르헨티나라고 해서 훈련 시스템이나 시설이 모두 좋기만 했던 건 아니었고, 아르헨티나 지도자들 역시 직책만 감독이지 감독 그릇이 아닌 사람도 있었다. 그런 사람을 보면서 내가 과연 감독 그릇일까 생각해 보니 아니라는 결론에 이르렀고 딱히 감독이 되고 싶은 마음도 없었다.

감독보다는 선수들을 돕는 좋은 코치가 되는 것이 나에게 맞는 일이라고 생각했다.

2008년 아르헨티나에 도착한 날부터 지금까지 바쁘게 뛰며 살았다. 내 목표는 선수들이 마음 편히 축구를 배우고 올바르게 성장해서 그들의 꿈을 이룰 수 있는 시스템을 만들고, 지도자들에게는 그들의 능력을 펼칠 기회를 제공하는 일이다. 처음 아르헨티나로 떠날 때는 다들 무모하다고 했지만, 지금은 조금씩 계획한 걸 이루며 살아가고 있다. 일과를 마치고 잠자리에 들 때마다, 내가 한국에 있었다면 이런 꿈을 꾸며 살아갈 수 있었을까 하는 생각이 든다. 남에게 보여주는 게 중요한 한국 분위기와 수직관계에서 스펙이 거의 없는 내가 과연 행복하게 살 수 있었을까? 아르헨티나에서 어려운 점이 한둘이 아녔지만, 부딪치고 소통하면서 도전했다.

아르헨티나의 수도 부에노스아이레스에서는 매년 'BA CUP'이라는 청소년 국제 축구 대회가 열린다. 2015년 이 대회에 출전하기 위해 당시 내가 데리고 있던 청소년 선수 중 한국, 아르헨티나, 콜롬비아 선수 18명을 추려서 팀을 꾸렸다. 전원 한국 선수로 구성된 팀은 아니었지만, 한국을 알리기 위해 팀 이름을 'FC KOREA'라고 정했다. 주최 측에서 이벤트 팀으로 괜찮겠다고 생각했는지 참가를 승인해줬다. 선수들이 기대 이상의 경기력을 보여주며 결승까지 올랐고, 결승전 직전에 애국가가 나오자 눈물이 핑 돌았다. 결국, 페루팀을 이기고 우승컵을 들었다. 아무도 기대하지 않았던 팀이라 현지에서 대단한 화제를 모았다. 아르헨티나 라디오에서도 소개가 되었다.

2017년 BA CUP에 두 번째 도전장을 내밀었다. 이번엔 한국, 일본, 아르헨티나 선수로 팀을 구성해서 또 우승했다. 아르헨티나 현지에서 내가 키우고 있는 선수들에게 좋은 기회를 주고 싶었다. 선수들이 기대한 대로 경험하고 성장하는 모습을 보면서 보람을 느꼈다. 앞으로도 선수를 위해서 새로운 도전을 계획하고 준비할 것이다.

그리고 2017년 5월 15일, 나는 33세의 나이로 아르헨티나 3부 리그 클럽 데포르티보에스파뇰의 운영이사에 선임되었다. 데포르티보에스파뇰은 '에스파뇰'이란 이름에서 풍기듯이 스페인 이민자들이 세운 클럽이다. 구단주도 스페인계다. 2013년에는 스페인의 아틀레티코마드리드와 협약을 맺고 팬 사인회, 클리닉을 개최했다. 2015년부터 나는 이 구단의 운영진에게 구단과 선수를 위해 뛸 사람이 있어야 발전할 수 있다고 나의 비전과 계획을 이야기했다. 한국인이 축구의 나라 아르헨티나에서 구단 경영을 맡겠다고 하니 처음엔 다들 색안경을 끼고 봤다. 그러나 내가 지적한 구단의 문제점은 아르헨티나인의 느긋한 국민성에서 비롯된 것이었고, 한국인인 나는 그걸 잘할 수 있다고 강조했다. 나 역시 좋은 선수를 발굴하고 육성하려면 구단의 힘이 필요했다.

내가 할 일은 U-16부터 성인 2군 팀까지 선수와 지도자를 관리하고 운영하는 일이다. 명문 팀에 견주면 재정이나 환경에서 큰 차이가 있지만, 그 차이는 사람의 아이디어와 노력을 통해 충분히 발전할 수 있다고 본다. 좋은 선수는 시설만 좋다고 만들어지는 게 아니므로 재능 있는 선수뿐 아니라 가능성 있는 선수에게 기회를 주면서 같이 성장할 수 있도록 노력할 것이다. 지금 모든 프로 구단이 재능 있는 선수만 찾고 있고 그런 선수만 살아남을 수밖에 없는 환경이지만, 조금 부족한 선수라도 제대로 된 시스템의 도움을 받으면 충분히 발전할 수 있다고 생각했다.

축구를 시작할 때부터 재능이 돋보이는 아이들이 있다. 여기서 재능이란 나이가 어린데도 기술 습득과 상황 판단이 빠르고 경기를 푸는 능력이 뛰어난 선수를 말한다. 결국, 축구는 판단 싸움의 연속이다 보니 타고난 재능을 무시 못 한다. 이런 선수가 아닌, 가능성이 있는 선수란 타고난 재능은 없지만, 운동신경이 있고 최선을 다해 노력하는 선수를 말한다. 이런 선수는 하루아침에 눈에 띄지는 못하지만, 어떤 지도자를 만나느냐에 따라 앞날이 전혀 다를 수 있다.

현재 아르헨티나에서는 재능 있는 선수 대부분이 성인 프로 1~2부 팀의 유스팀 소속으로 뛰고 있다. 빅클럽이 아닌 에스파뇰은 가능성 있는 선수들을 키울 수밖에 없는 현실이다. 우리 에스파뇰 유스팀 선수들과 그들을 견주면, 재능의 차이가 확연하다. 가능성만 있는 선수가 재능 있는 선수를 잡으려면 훈련의 질이 매우 중요하다. 지도자는 자기가 하기 편한 훈련이 아니라 선수의 발전을 위한 훈련을 시켜야 한다. 내가 에스파뇰 클럽으로 부임하자마자 코치진들과 한 이야기는 모든 훈련이 선수들 스스로 생각하면서 성장할 수 있는 훈련이 되어야 한다는 것이었다. 매일 아침 구단으로 출근하면 몇 백 명의 선수들이 꿈을 향해 땀 흘리며 노력하는 모습을 볼 수 있다. 그들의 꿈이 이루어지려면 하루하루가 값진 시간이 될 수 있는 훈련과 환경이 필요하다.

축구에 관계된 모든 분에게 어린 선수들에게 가장 중요한 것이 무엇이냐고 물어보면 어떤 답들이 나올까. 사실 모든 분이 이 질문의 답을 알고 있다. 어린 선수에게 중요한 것은 성적이 아니라 성장할 수 있는 환경이다. 선수마다 성장 속도가 다르기에 다른 선수와 자신을 비교해서도 안 되고 기다릴 때는 편한 마음으로 기다릴 줄 알아야 한다. 그러나 운동을 조금 하면 불안해서 쉬는 날도 없이 하루에 여러 차례 훈련하고 그것도 모자라 개인 교습까지 받는 모습은 한국에서 자주 봤던 모습이었다. 내가 어릴 적에 한국에서 받은 훈련을 돌이켜봐도 마치 수학 공식을 외우는 것처럼 수동적으로 기본기를 익혔고, 훈련 시간은 길었지만, 선수의 성장보다는 팀 성적을 내기 위한 훈련이었다. 그러다 보니 가능성 있는 선수가 성장하기 어려운 환경이었다고 본다. 단순히 훈련량만 늘릴 게 아니라 하루에 한 번 훈련하더라도 확실한 목적과 의욕을 가지고 임해야 했다.

아르헨티나에서 다른 문화권의 사람들과 소통하며 살면서 결국, 축구

데포르티보에스파뇰의 훈련장

데포르티보에스파뇰의 트로피들

선수는 장거리 경주라는 사실을 깨달았다. 프로에선 성적이 무엇보다 중요하겠지만, 그 아래 유소년과 청소년 선수들에겐 성적보다 그들의 꿈을 마음껏 펼칠 수 있는 환경과 시스템이 가장 중요하다. 이는 대한민국 어른이 어린 선수를 위해 책임지고 만들어줘야 하는 것이다. 그러려면 우리 어른의 노력과 희생 그리고 인내가 필요하며, 대한민국 축구 발전을 위해 우리에게 맞는 시스템을 만들고 시행착오를 겪으며 정답을 찾아내야 한다. 그렇게 되면 한국에서도 세계적인 축구선수가 배출될 수 있을 것이고, 다른 나라에서 한국의 육성 시스템을 배우기 위해 찾는 날이 올지도 모른다.

2005년 U-20 월드컵에서 메시, 아구에로 등을 데리고 아르헨티나를 우승으로 이끌었던
프란시스코 판초 페라로 전 감독. 현재는 데포르티보에스파뇰의 기술고문이다.

축구 유학에 관해

자식이 축구선수를 꿈꾼다면, 부모는 한 번쯤 더 좋은 환경에서 축구를 시켜봤으면 하는 바람이 있을 것이다. 그런 수요가 있어서 그런지 축구 선진국에서 축구를 배울 수 있는 유학 프로그램이 한국에도 많이 있다. 한국뿐 아니라 일본과 중국에도 유학 프로그램이 많으며, 축구 좀 한다는 나라에 가보면 다양한 국적의 아이들이 축구 클럽이나 축구 아카데미에서 교육받는 걸 볼 수 있다. 한국은 이런 축구 유학이 시작된 지 벌써 20년이 넘어서 수많은 성공과 실패 사례가 존재한다. 안타깝게도 좋은 이야기보다는 그렇지 못한 이야기를 더 많이 들었다. 외국에서 아무나 축구 유학 사업을 하다 보니 능력 없는 업체가 난립한 적도 있다. 오래전 유명 축구선수 출신의 한국인이 유학 사업을 하는 것을 본 적이 있는데, 처음에는 학부모들이 그 이름값을 믿고 자식을 해외로 보냈지만, 현지에서 축구 전문가가 아닌 교민이 아이들을 관리하는 바람에 현지 적응에 실패한 경우가 많았다.

축구선수는 하루아침에 만들어지지 않는다. 축구 선진국의 앞선 환경에서 좋은 선수로 성장할 수도 있겠지만, 현실을 보면 너무나 힘든 일이다. 프로 선수가 되는 길은 단거리 경주가 아니라 길고 긴 마라톤이기 때

문이다. 좋은 시설과 환경만으로 저절로 좋은 선수가 되진 않는다. 잔인하게 들릴지 모르지만, 내가 생각하는 축구 유학은 선수가 전쟁터에서 살아남는 법을 배우는 것이다. 한국의 주입식 축구 교육을 피하고 싶다거나 다양한 이유로 많은 아이가 해외로 나갔지만, 열망이 부족한 도피성 유학은 좋은 결과를 가져다주지 못한다. 유학 업체를 운영하는 분들 또한, 좋은 선수로 키우겠다는 목적보다 돈벌이에 급급할 경우, 어린 선수는 제대로 성장할 수 없고 타지에서 외로움과 상처만 안고 돌아올 것이다.

축구선수는 부모가 만들어줄 수가 없다. 부모가 아이를 위해 좋은 환경을 만들어줄 수는 있겠지만, 결국, 아이의 성장은 본인의 희생과 노력에 달렸다고 생각한다. 해외에서 축구를 배운다면 그 시간을 온전히 자신의 꿈을 이루는 데 써야 할 것이다. 이왕 해외에 나갔다면 그 선수는 다음과 같은 부분을 노력했으면 한다.

1. 외국어

선수는 그 나라 언어를 배워서 그곳의 선수들과 소통할 수 있어야 한다. 요즘은 스마트폰이 있어서 해외에서도 손쉽게 한국의 TV 프로그램이나 SNS를 볼 수 있다. 이런 우리말 콘텐츠에 너무 빠지면 외국에 있어도 현지 언어를 습득하기가 어렵다.

그 나라 말을 알아야 동료들과 소통할 수 있고 지도자가 원하는 걸 운동장에서 보여줄 수 있다. 좋은 선수가 되기 위해 외국에 나갔다면 언어부터 배워야 한다.

2. 훈련

외국에 있으면 한국에서 했던 것보다 두세 배는 더 노력해야 한다. 축구 선진국의 훈련은 유소년 시기부터 프로와 흡사해서 훈련량이 한국처럼 많지 않다. 한국의 축구 교육은 실력이 부족한 선수라도 훈련을 강압적으로 많이 시켜서 성장을 돕지만, 해외의 프로 산하 유소년팀들은 재능 있는 선수를 발굴한 다음, 그들이 성장할 수 있는 환경만 만들어주고 선수 자율에 맡긴다. 재능이 있는 한국 선수라면 적은 훈련량과 자율적인 환경에서도 경쟁을 통해 충분히 성장할 수 있지만, 특별히 재능이 없는 선수가 이런 환경에 만족할 경우는 오히려 역효과가 날 수 있다.

왜냐하면, 해외 프로 구단에서 함께 경쟁하는 현지 선수들은 대부분 한국 선수보다 잘하는 선수이다. 이런 상황에서 선수가 팀 훈련에만 만족해서는 동료들을 절대로 이길 수가 없다. 한국에선 팀 성적을 위해 훈련했다면, 외국에선 오로지 나만의 발전을 위해 팀 훈련 외에도 개인 훈련을 해야 한다.

3. 그 나라 문화에 적응

유럽이나 남미에서 축구를 배우거나 현재 뛰고 있는 친구들은 축구 이외에도 그 나라의 문화를 몸소 체험하면서 다양한 경험을 쌓는 것이 좋다. 로마에 가면 로마 법을 따르라는 말이 있듯이 해외에 나가서도 한국적인 마인드를 고수한다면 많은 어려움이 따른다. 이왕 해외로 나왔으면 현지인과도 어울리고 한국에서 경험하지 못한 문화를 보고 배워야 한다.

요즘은 축구 유학이 흔하다 보니 한국 선수들끼리 한 팀을 만들어 훈련하고 같이 지내는 친구들이 있는데, 외국에 와서까지 한국 선수들과 함께 훈련하고 경기를 하는 것은 그 나라에 온 의미가 없다고 본다. 아무리 외국인 지도자에게 축구를 배운다고 해도 그 나라의 잘하는 선수와 함께 훈련하고 한 팀으로 경기를 해봐야 보고 느끼는 부분이 많다. 축구는 지도자에게서만 배우는 게 아니라 주변 동료들을 보면서도 배울 수 있다. 반드시 현지에서 잘하는 선수와 경쟁해보길 바란다.

아르헨티나에 축구를 배우러 온 일본 선수를 간혹 봤다. 일본 선수들은 작지만, 기술과 경기를 읽는 눈이 확실히 좋았다. 단점이 있다면 아르헨티나 축구가 워낙 거칠어서 피지컬 없이 기술 하나만으로는 인정받기 힘들다는 것이다. 그래도 일본 선수들을 칭찬해주고 싶은 점은 아르헨티나의 생각과 문화를 배우기 위해 아르헨티나 사람들과 생활한다는 것이다. 환경이나 시설에 개의치 않고 굽힐 땐 굽히면서 배울 수 있는 걸 최대한 배운다. 그래서 일본 선수들은 해외에서 성공할 가능성이 높다고 생각한다. 현재 독일, 스페인, 이탈리아, 잉글랜드 등 유럽 리그에서 뛰는 일본 선수가 많은 이유 중 하나라고 본다.

어린 한국 선수들에게 아쉬운 점이 있다면, 해외에서도 한국에서 지냈던 것처럼 살고 싶어한다는 것이다. 현지인과 어울리지 못하고, 늘 환경을 문제 삼는다면 아무리 재능이 있는 선수라도 해외에서 기량을 100% 펼치긴 무척 어렵다. 축구에 목적을 두고 온 선수라면 다른 부분을 희생할 줄 알아야 하며, 현지에 적응하려고 노력해야 가진 능력을 다 발휘할 수 있다.

축구선수 부모의 마음가짐

아르헨티나 사람들이 결혼해서 아들이 태어나면, 가장 먼저 아들에게 주는 선물이 축구공과 축구 유니폼이라는 말이 있을 정도로 축구선수를 향한 열망이 크다. 아버지들 또한, 자기 아들이 다른 분야보다 축구에 재능이 있기를 바라고 평일 주말 할 것 없이 오후에 공원 잔디밭에서 아버지와 함께 공을 차는 어린아이들을 자주 볼 수 있다. 해마다 축구 클럽에는 테스트를 받기 위해 오는 남자아이들로 인산인해를 이룬다. 13세 전에는 축구에 재능이 있건 없건 아이도 축구를 배우고 싶어 하고, 부모도 훈련이 일주일에 2~3회 정도이니 부담 없이 아이를 축구 클럽에 보낸다. 마치 한국 부모님들이 태권도장에 자식을 보내는 것과 비슷하다. 한국이 태권도를 쉽게 접할 수 있는 환경이다 보니 올림픽에서도 좋은 성적을 거두는 선수들이 나오는 것처럼 아르헨티나는 축구 인프라가 좋아서 축구를 부담 없이 배우는 아이가 많다. 이것이 아르헨티나가 축구 강국인 이유다.

축구선수를 꿈꾸는 자식을 둔 부모님의 마음은 다 같다. 자기 자식이 메시 같은 세계적인 선수가 되기를 바란다. 다만, 아르헨티나 부모는 한국 부모와 다른 점이 있다. 한국은 부모가 축구부 운영을 위해 회비를 내

자식의 경기를 지켜보는 아르헨티나 부모들

야 하고 자식의 진로를 위해 학교에 자주 찾아가 지도자를 잘 대접해야 하는 등 마음 쓸 일이 많다. 그러나 아르헨티나에선 일단 클럽에 자식이 입단하면, 애를 훈련장에 데려다주는 것 정도 말고는 부모가 해줄 일이 거의 없다. 클럽은 1년 계획에 따라 훈련을 시키고 발전 가능성이 없으면 냉정하게 내치기 때문에 부모가 클럽에 찾아가서 지도자에게 말을 잘한들 결정이 바뀌지 않는다. 아이가 잘하면 클럽은 선수로 성장할 수 있는 여건과 기회를 제공하고 그렇지 않으면 내보낼 뿐이다. 한국처럼 지도자가 부모 회비로 월급을 받는 게 아니기 때문에 공과 사가 명확하다.

교육열이 강한 한국에선 축구 역시 일단 시작하면 남보다 앞서나가길 바라는 마음에 팀 훈련 이외에 개인 교습도 시키고 쉬는 날 없이 하나라도 더 배우길 원한다. 자식을 성공시키려는 부모님들의 열정은 거의 세계 최고 수준이라고 생각한다.

오래전 한국을 방문했다가 12살짜리 아이의 부모님으로부터 아들에게 개인 교습해줄 수 있느냐는 제안을 받은 적이 있다. 나는 그 아이가 무엇이 부족한지도 모르고 소속팀 감독님이 어련히 잘 지도하고 계시지 않을까 해서 정중히 거절했지만, 꼭 만나길 원하셔서 부모님과 이야기를 나누었다. 처음 보는 나에게 소속팀 지도자분들의 험담을 하시면서 아이가 잘할 방법을 알려달라고 하셨다. 아이를 한 번도 못 본 내가 어떤 정답을 말할 수는 없는 노릇이고, 나보다는 소속팀 지도자분들이 그 아이에 대해 더 잘 아실 것으로 생각했다.

한국에서 뛰던 어린 시절, 자식을 더 좋은 학교로 진학시키기 위해서라면 수단과 방법을 가리지 않고, 매일 따라다니며 지극정성으로 뒷바라지하는 주변 부모님들이 떠올랐다. 한참 동안 그 부모님의 질문에 답해드리면서 이런 말씀을 드렸다.

"아이에게 태권도를 시킨다면, 꼭 태권도 국가대표 선수가 되길 바라셔서 시키시나요? 보통은 그냥 건강을 위해서 시키시죠. 축구도 마찬가지입니다. 태권도장에 보내는 것처럼 마음 편하게 보내세요. 아이에게 지나친 기대를 하시면 도리어 아이에게 큰 짐이 되고 성장하기 어렵습니다. 개인 교습은 팀 훈련 외에 아이가 더 하고 싶다면 시켜도 되겠지만, 본인이 아니라 부모님 욕심에, 다른 애들이 다 배우는데 내 아이만 안 하면 뒤처지는 게 아닐까 하는 걱정 때문에 시키는 것이라면 반대합니다. 그런 식의 훈련으로는 아이가 절대로 발전할 수 없습니다. 아이를 축구선수로 키우고 싶으시다면, 아무리 힘들어도 축구를 해야 행복할 수 있다는 마음이 아이 스스로 들게 해주셔야 합니다. 본인 의지로 해야 축구선수로 가는 긴 여정을 견딜 수 있습니다."

부모가 아이를 창의력 있는 선수로 키우려면, 아이에게 고기를 잡아서 먹여주는 게 아니라 고기 잡는 법을 가르쳐줘야 한다고 생각한다. 요즘은 세상이 편해져서 답을 스스로 구하기보다 누군가 정답을 가르쳐주길 바라는 경향이 있다. 선수는 욕심이 있어야 하고 자신을 위해 노력하고 연구해야 성장할 수 있다.

아이 혼자 고생하고 노력하는 모습이 마음 쓰여서 부모가 모든 걸 다 해주려고 하면 아이는 축구선수의 험난한 길목에서 어려움이 있을 때마다 부모에게 기댈 것이고 정답을 달라고 할 것이다. 큰 무대에서 뛰는 축구선수가 되기 위해 가장 중요한 것은 내 꿈을 이루고 말겠다는 마음이다. 이것은 누가 가르쳐줄 수 없으며, 스스로 생각하고 경험하는 환경에서 배울 수 있다. 부모는 아이가 염려되더라도 멀리서 내 아이를 지켜보고 응원하며 기다려주는 것이 아이에게 더 좋다고 생각한다.

공부하는
아르헨티나 선수들

아르헨티나의 모든 선수는 선수 이전에 학생 신분으로 학교에 다닌다. 학교 수업은 대개 오전반, 오후반, 종일반, 야간반으로 나뉘어 있으며 학생이 학교와 시간대를 선택할 수 있다. 우리나라와 달리 아르헨티나에는 유급 제도가 있어서 학년을 이수하려면 선수라도 공부를 안 할 수가 없다. 우리나라처럼 학교 안에 축구부가 있는 게 아니라 학교와 축구 클럽이 별개로 운영되다 보니 축구는 축구고 공부는 공부다. 어린 선수들도 그 사실을 잘 알고 있어서 다들 공부와 운동을 병행하고 있다.

아르헨티나의 빅클럽 중에는 구단 안에 학교가 있는 곳도 있다. 리베르플레이트, 인디펜디엔테, 에스투디안테, 우니온산타페 등은 클럽 하우스와 연습구장이 있는 땅에 학교도 같이 세워서 선수들이 공부와 축구를 편하게 병행할 수 있도록 돕는다. 그리고 선수와 클럽의 계약은 1년마다 갱신되기 때문에 클럽이 선수의 학교생활을 관리한다든가 공부를 강요하는 일은 없다. 학교와 클럽은 별개의 조직이고 서로 관여할 수 없는 구조다. 아르헨티나에서 아이의 공부는 선수 스스로 노력해야 하고 학부모가 도와야 할 부분이지 축구지도자가 챙길 부분은 아니라고 생각한다.

옛날과 달리 한국에서도 공부하는 축구선수를 만들기 위해 협회 차원에서 노력하고 있다. 나의 중고교 축구부 시절엔 하루에 세 차례나 훈련하는 탓에 학교에서 공부한다는 것은 너무 힘든 일이었다. 피곤한 나머지 늘 수업 시간에 엎드려 잠만 잤고 선생님들도 운동부 애들은 가만 놔뒀다. 운동부 애들은 그냥 운동만 잘하면 된다는, 잘못된 인식이 팽배했다. 우리나라 교육은 학교에서까지 운동선수의 신분을 인정했고, 그 결과 운동선수는 공부와 더 담을 쌓게 했다. 잘못된 배려가 만든 한국만의 관행이라고 본다.

이런 폐해를 바로잡기 위해 한국도 주말 리그를 도입하고 수업을 꼭 듣게 하는 등, 제도를 바꾸고 있다. 아직 갈 길이 멀지만, 한국 선수들 생각도 점점 바뀌고 있다고 본다. 어린 선수는 선수 이전에 학생인 만큼, 공부는 당연히 해야 한다. 좋아하는 축구를 열심히 하면서 본인의 행복한 앞날을 위해 공부도 꼭 병행하길 바란다.

남아서 공부하는 아르헨티나 선수들

성적이냐
육성이냐

축구는 공 하나를 두고 승리를 위해 격렬하게 싸우는 전쟁이다. 취미로 축구를 하더라도 다들 이기고 싶어 하지, 아무도 지고 싶어 하지 않을 것이다. 취미로 축구 하는 이들도 이런데, 축구에 모든 것을 건 선수와 지도자가 어찌 승리를 갈망하지 않겠는가.

유소년 경기라도 승리를 우선시하는 게 나쁘다고 생각하진 않는다. 이기는 경기를 하려면 좋은 선수를 육성해야만 하기 때문이다. 매번 지는 팀의 감독님이 곧잘 하는 이야기가 있는데, 우리는 성적보다는 아이의 성장과 미래를 위해서 훈련한다는 것이다. 아르헨티나에선 육성과 성적은 별개라는 관점이 없다. 지도자가 육성에 초점을 맞추기 위해 승리를 등한시한다? 난 팀 성적과 선수 육성이 같은 범주 안에 있다고 생각한다. 팀 성적이 좋은 팀은 분명 좋은 선수로 구성되어 있고, 그 팀엔 선수를 잘 키우는 노하우가 있기 때문에 좋은 선수가 계속 나올 수밖에 없다고 본다.

아르헨티나 구단의 목적은 성적보다 육성이지만, 지도자가 좋은 선수를 길렀다는 것을 인정받으려면 훈련장이 아닌 경기장에서 보여줘야 한다. 축구 감독은 결과로 이야기할 수밖에 없는 자리이기 때문이다. 아르헨티나에서도 육성한 선수들을 데리고 나가는 주말 리그 경기 성적을 중요하게 생각한다. 단지, 데리고 있는 선수들 수준에 따라 승패가 갈릴 수 있기 때문에 성적이 나쁘다고 꼭 경질되지는 않는다. 그보다는 총감독이 연령별 팀의 지도자들을 지켜보고 혹시 재능이 있는 선수인데 관리를 못하거나 성장을 못 시킨다면 그 책임을 담당 지도자에게 묻는다.

한국의 경우는 남미나 유럽처럼 모든 육성팀이 프로 산하 팀이 아니라 학원 축구 중심이고, 대회 성적을 내야 대학에 갈 수 있어서 승패에 민감한 구조라고 생각한다. 승리를 바라는 열망 자체는 나쁜 게 아니다. 문제는 그 승리를 가장 강하게 바라는 이가 선수여야 한다는 점이다. 아르헨티나에선 유소년 선수라도 소속 구단에 대해 자부심이 대단해서 그 팀의 로고가 새겨진 유니폼을 입고 출전한 경기에서 이기려는 열망이 강하다. 이런 자세는 한국의 유소년 축구에선 흔히 볼 수 없다.

일부 한국 지도자들은 아이들을 위한 게 아니라 자신의 이름값을 위해 어린 선수에게 혹독한 훈련을 시키고 승리를 강요한다. 어린 선수들은 이기려는 열망보다는 감독이 무서워서 기계적으로 뛴다. 게다가 경기에서 어떻게든 이기기 위해 또래보다 덩치 큰 선수 위주로 내보낸다. 선수가 생각하면서 움직일 겨를을 안 주고 신체 조건의 우위를 활용해 승리하려고 한다. 이런 식으로 우승을 열 번 한들 감독은 명예를 얻을 수 있겠지만, 어린 선수들은 배울 것을 못 배우고 고등학생쯤 되면 평범한 선수로 전락한다.

아르헨티나 지도자들이 운동장에서 공을 잡은 선수에게 가장 많이 하는 얘기가 "생각하라!! 경기장에서 놀아라!!"다. 한국 유소년팀들의 경기를 보면 감독이 빨리하라고 조급하게 소리치고 선수는 지시에 따라 움직

이기 바쁜데, 아르헨티나 지도자는 반대로 여유를 가지라고 한다. 그리고 키가 작다고 기회를 안 주진 않는다. 작은 선수가 경기장에서 잘할 방법을 알려주니 작은 선수도 자신의 장점을 살려서 경기한다. 아르헨티나 유소년 단계에선 한 살 단위로 팀이 있기 때문에 신체 조건으로 선수를 평가하진 않는다. 메시, 아구에로, 마스체라노, 아이마르, 사비올라 등 키 작고 잘하는 선수를 수없이 배출했기에 축구는 키로 하는 게 아니라는 생각이 강하다.

이런 차이는 지도자만 바뀐다고 어떻게 되진 않는다. 한국의 육성 시스템과 정책도 같이 바뀌어야 한다. 대회 성적에 따라 진학 여부가 갈리는 문제, 저학년이 뛰지 못하는 문제를 꼭 개선해야 한다. 무엇보다 지도자가 선수에게 무조건 승리해야 한다고 다그치는 게 아니라 선수 스스로 생각해서 승리를 갈구하게끔 하는 환경이 가장 중요한 포인트다.

앞에서도 언급했지만, 아르헨티나에선 유소년 축구 선수에게 5대5 풋살을 병행하도록 권장한다. 아무래도 11대11의 일반 축구보다는 공 잡는 시간이 늘어나 기술 습득하기 좋기 때문이다. 한국에서도 풋살까지는 아니지만, 유소년 선수들의 기술 습득을 위해 8대8 경기를 도입하려고 한다. 개인적인 생각으로는 인원수보다 중요한 건 아이들 스스로 생각하고 판단할 수 있는 환경을 지도자가 만들어줄 수 있느냐는 것이다. 8대8 경기를 한들 지도자가 선수를 윽박지르고 승리만을 요구하면 똑같은 문제가 발생한다. 유소년 육성에서 중요한 건 속도보다는 방향이다. 유소년 지도자는 그 나이에 꼭 배워야 할 기술을 가르쳐줘야 하고 선수 스스로 생각하고 포지션을 이해할 수 있게 해야 한다. 그래야 중학교에 진학해도 그다음 단계 훈련으로 넘어가서 성장할 수 있다. 그런 육성 과정을 무시하고 눈앞의 승리만을 위한 훈련을 한다면, 당장 이기기는 해도 배워야 할 것을 못 배울 수도 있다. 유소년 시절의 우승 횟수는 프로 선수가 되는 데 별 영향을 주지 못한다.

지도자가 유소년 선수의 10년 뒤 모습을 그려서 성장시키지 못한다면, 아무리 좋은 시스템이 있어도 무용지물이다. 지금과 똑같이 육성이 아닌 승리를 위해 선수를 다그쳐서 스스로 판단하지 못하게 한다면, 8대8 경기를 실시하더라도 결과는 예전과 크게 다르지 않을 것이다.

한국 선수에게 필요한 창의력

지도자나 선배의 눈치를 보지 않고, 온전히 자신의 판단으로 경기를 읽고 동료와 상대의 플레이에 빠르게 대처할 수 있는 능력이 선수에게 필요한 창의력이라고 생각한다. 내가 아르헨티나에서 키우는 18살짜리 한국 선수가 했던 이야기가 생각난다. 그 선수는 한국에서 초등학교부터 축구를 했고, 이름 있는 고등학교 축구부에 가서 엄격한 선후배 간 규율과 수직관계에서 자랐다. 고등학교에 입학한 첫날부터 선배가 군기 잡는다고 때려서 눈치를 보지 않을 수가 없었다고 한다. 그래서 1학년 때는 잘해도 욕먹고 못해도 욕먹으니 운동장에서 너무 튀지 않게 뛰는 것이 축구부 생활을 편하게 하는 방법이었다고 한다. 나 역시 그런 환경 속에서 축구를 했지만, 지금도 그런 일이 벌어진다는 게 충격이었다.

축구는 많은 시간을 들이더라도 프로 선수가 된다는 보장이 없는 스포츠이다. 운동장에선 눈에서 빛이 나고 축구에 모든 것을 쏟아부어도 될까 말까 한 시기에 선배 눈치를 보며 중간만 하자는 생각으로 뛴다면 어떻게 뛰어난 선수가 될 수 있을까? 이는 재능 있는 선수도 평범해지는 길이고 절대로 있어서는 안 되는 일이다.

그 선수에게 아르헨티나에서 뛰면서 가장 좋은 점이 무엇이냐고 물어보니 다른 이의 눈치를 보지 않고 온전히 내 성장을 위해 노력할 수 있는 환경이 한국에서 겪지 못했던 것이라고 한다. 내가 한국에서 뛰던 시절과 별로 달라진 것이 없었다. 축구장에서만큼은 한국의 상하관계가 뛰는 데 방해되는 부분이 있다고 생각한다. 아르헨티나의 축구장에서는 나이를 따지지 않고 상하관계라는 말은 찾아볼 수가 없다. 모든 선수는 동등한 위치이며, 축구장에서 치열하게 싸울 뿐이다. 아르헨티나 선수가 다혈질인 것은 이기려는 의지가 그만큼 강하다는 이야기다.

기존 한국의 관행을 바꾼다는 것은 참 어렵고 쉽지 않은 일이다. 아이 스스로 생각하고 결정할 수 있는 환경을 만들려면 지도자부터 아이에 대해 믿음과 인내심이 필요하다. 아이의 재능은 다 다르다. 팀 안에는 기술은 좋은데 축구 이해도가 떨어지는 선수, 피지컬은 좋은데 기술이 부족한 선수 등 다양한 선수가 있기 마련이다. 그래서 이를 가르쳐줄 수 있는

지도자가 필요한 것이다. 이 일은 무척 어려워서 축구지도자는 아무나 해서는 안 될 직업이라고 생각한다.

내 어린 시절에는 훈련장과 경기장에서 느슨한 모습을 보이거나 실수하면, 감독님이 그 선수를 바로 불러서 뺨을 때리는 일이 참 많았다. 큰 죄라도 지은 양 고개를 숙이고 열중쉬어 자세로 감독이 때리는 대로 맞고, 맞고 나서는 90도로 "감사합니다!" 하고 인사한 뒤, 자기 위치로 돌아가야 했다. 둥근 공을 다루다 보면 당연히 실수도 하는 법인데, 실수했다고 욕하고 교체해버린 뒤, 경기가 끝날 때까지 운동장을 뛰라고 하는 감독의 지시에 그 선수가 앞으로 잘할 수 있을까? 자신감은 떨어지고 축구에 필요한 멘탈과 열정이 점점 사라질 것이라고 본다. 공 받으면 실수할까 두려워서 도전보다는 책임 회피 패스를 하고 되도록 공을 피해 다닐 것이다. 이런 일들을 나는 한국에서 흔히 겪었다. 당시는 다른 학교들도 마찬가지였기 때문에 맞고 혼나는 게 당연한 일이라고 생각했고 선수가 극복해야 할 문제라고 받아들였다.

축구선수가 되는 길은 길고 험난하다. 초등학교 때 잘한다고 프로 선수가 된다는 보장은 없으며, 초등학교 때 실력이 좀 부족해도 중학교나 고등학교 때 기량이 만개하는 선수들도 있다. 그래서 지도자의 역할이 중요하다. 창의력 있는 선수를 키우려면 자기 기준으로 선수를 바라보고 지시하지 말고 선수의 눈높이에서 그 선수가 스스로 깨우치고 판단할 수 있는 분위기를 조성해줘야 한다. 한국에선 좋은 성적을 내기 위해 선수에게 많은 훈련량을 강요하고 욕설로 다잡는 모습이 흔한데, 지도자는 운동장에서만큼은 조급함보다 여유가 필요하며 지도자 기준에 선수가 맞추는 게 아니라 선수의 눈높이에 지도자가 맞추려는 마음가짐이 중요하다고 본다. 가장 좋은 교육은 모든 걸 지시하고 정답을 알려주기보다 선수 스스로 깨닫고 노력할 수 있는 환경을 만들어주는 일이다. 억지로 시켜서 하는 건 성장에 한계가 있다. 선수 자신의 의지로 하루하루 간절한 마음으로 노력해야 축구선수의 꿈을 이룰 수 있다고 생각한다.

한국 선수와 아르헨티나 선수는 축구를 처음 시작할 때 마음가짐에서부터 확실히 다르다. 선수 성장을 위한 환경도 다르니 차이가 벌어질 수밖에 없다. 한국 유소년팀이 아르헨티나 유소년팀과 경기하면 어린 나이부터 전술 훈련을 한 한국팀이 이길 수는 있겠지만, 선수 개개인의 미래를 봤을 때는 아르헨티나 선수들과 차이가 난다고 본다. 그 까닭은 축구선수는 그 나이마다 배워야 할 것들이 있는데, 한국의 지나친 교육열 탓에 짧은 시간에 많은 것을 가르치기 위해 휴식도 없이 훈련시키고, 거기에 개인 교습까지 시키니 오히려 성장이 더딘 게 아닌가 한다.

아르헨티나가 선수를 잘 키우는 까닭은 축구협회의 역량보다는 구단마다 갖춘 육성 시스템과 철학 덕이다. 좋은 선수는 하루아침에 만들어지지 않으며, 성적보다 육성에 중점을 둔 각 구단의 비전과 철학이 오랜 시간에 걸쳐 만들어낸 결과다.

아르헨티나는 축구 역사가 오래된 만큼, 선수를 키워서 파는 비즈니스가 발달했고 그 수익이 어마어마하다. 따라서 구단은 자연스럽게 성적보다는 육성에 초점을 맞출 수밖에 없으며, 이것이 선수 성장에 도움이 되니 서로 윈윈하는 구조다. 이런 환경은 한국이 모방한다고 바로 만들 수 있는 게 아니기에 앞으로 한국만의 비전을 가지고 선수를 올바르게 키울 수 있는 환경을 생각해야 한다.

한국의 많은 지도자가 빨리 성적을 내기 위해 아이들을 다그쳐서 기계처럼 뛰게 한다. 시간이 지나서 보면 다 의미 없는 일이다. 왜냐하면, 초등학교에서 우승을 열 번 하더라도 그 우승 멤버에서 프로 선수가 되는 선수는 10명 중 1명 있을까 말까이기 때문이다. 조금은 늦게 가더라도 유소년 시절부터 제대로 배우고 올라가야 선수가 컸을 때 능력을 제대로 발휘할 수 있다고 생각한다.

한국은 늘 문제가 터지고 나면 급하게 해결책을 찾으려고 하다 보니 축구 선진국의 겉모습만 보고 시스템을 따라 하기 바쁘다. 시간이 걸리더라도 우리 것을 만들고 어린 선수들이 올바르게 축구를 배울 수 있게 해야 한다. 대한축구협회에서 시스템을 만들어 제시하는 것도 중요하지만, 우선은 프로팀들이 선수의 성장을 위한 시스템을 만들고 느리더라도 정확하게 가는 것이 결국은 좋은 결과를 가져다줄 수 있는 지름길이라고 생각한다.

프로까지 살아남는 유소년 선수의 자질

아르헨티나 남자아이들의 장래희망 1순위가 축구선수라고 한다. 이 아이들이 프로 축구선수가 될 확률은 어느 정도일까? 아르헨티나 언론이 조사한 통계에 따르면, 등록된 유소년 선수 중 프로 축구선수가 되는 비율은 전체의 1%도 안 된다고 한다. 축구선수를 꿈꾸는 아이들이 워낙 많은 나라이다 보니 당연한 결과라고 본다. 프로 선수가 되는 건 대단히 어려운 일이다.

축구선수가 되는 1%는 어떤 길을 걸었을까? 프로 축구선수는 하고 싶다고 할 수 있는 직업이 아니다. 재능이 있는 아이가 오랜 시간 훈련을 받고 노력을 해야 갈 수 있는 길이다. 돈과 권력이 있는 부모가 자기 자식을 프로 축구팀에 억지로 넣더라도 축구장은 거짓이 통하지 않는 곳이어서 오래가지 못한다.

선수를 꿈꾸는 아이는 보통 7세부터 축구를 시작하는데, 성인 선수가 되기까지 13년이 걸리는 장기 레이스다. 유소년 시절부터 또래 아이들보다 일찍 두각을 나타내는 선수가 있는가 하면, 유소년 때는 주목받지 못하다가 몸이 크면서 뒤늦게 두각을 나타내는 선수도 있다. 선수마다 성장하는 속도가 다 달라서 프로 선수로 만드는 어떤 정답이 있는 건 아니지만, 10년 동안 아르헨티나에서 다양한 선수를 지켜보고 느낀 게 있다. 프로까지 살아남는 선수에겐 네 가지 특징이 있다. 이 중 한 가지라도 없는 선수는 한계가 있음을 통감했다. 어린 선수가 장래 프로 선수가 되는 데 필요한 네 가지는 다음과 같다.

1. 판단력(재능)

축구는 좋아한다고만 해서 잘할 수 있는 스포츠가 아니다. 축구를 비롯해 야구, 농구 등 모든 스포츠에는 판단력이 중요하고 기술을 습득할 수 있는 두뇌와 운동신경이 필요하다. 똑같은 규격의 축구장에서 똑같은 축구공으로 축구를 시켜보면 재능이 있는 선수는 훈련을 통해 기술을 익히는 속도가 빠르고, 그 기술을 경기에서 구사하며 남다른 판단력을 보여준다.

축구는 당구나 볼링처럼 어떤 공식을 적용해서 할 수 없다. 22명의 선수가 겨루는 스포츠이다 보니 늘 다양한 상황이 연출된다. 선수는 공을 받기 전부터 공을 받고 어떻게 할지 미리 생각해야 하며, 자신의 강점을 살리는 플레이를 펼칠 줄 알아야 한다. 가령, 기술은 좋지만, 피지컬과 스피드가 떨어지는 선수라면, 공을 쉽게 차고 경기를 정확히 읽는 판단력이 있어야 축구장에서 살아남을 수 있다. 그래서 축구선수에게 첫 번째로 필요한 요소는 판단력이라고 생각한다.

2. 기술(기본기)

두 번째로 중요한 요소는 기술. 바로 기본기다. 한국에서 기본기란 볼 터치, 볼 컨트롤(제자리 볼 컨트롤, 이동 볼 컨트롤), 패스 등을 말한다. 기술이란 기본기에서 더 나아가 다양한 드리블과 킥, 1대1 개인 돌파, 인터셉트 등을 말한다. 아르헨티나에서는 기본기와 기술을 técnicamente라고 말하며 따로 구분하지 않고 같은 맥락으로 본다.

기본기는 이제 성장하기 시작하는 유소년 시기에 빨리 익히는 것이 좋다. 둥근 축구공을 원하는 대로 다루기란 정말 어렵고 힘든 일이다. 한 살이라도 어릴 때 공과 친해져야 자연스럽게 공을 잘 다룰 수 있다. 축구를 처음 시작할 시기에는 체력이나 전술 훈련보다는 공을 다루는 기본기를 집중적으로 연마해야 한다. 또래보다 피지컬이 좋은 유소년 선수는 기본기가 떨어져도 당장 경기에서는 잘할 수 있겠지만, 시간이 지날수록 한계에 부딪힌다. 축구의 기술은 머리가 아니라 몸으로 익히는 것이기 때문에 어린 나이에 익힐수록 유리하다. 어릴 때 일찍 기술을 익힌 선수는 공을 다루는 모습만 봐도 다른 친구들보다 확실히 부드럽고 공이 몸에 붙어 다닌다는 느낌을 받는다.

프로 선수까지 가는 과정에서 기술을 제대로 익히지 못한 선수는 금방 도태되고 만다. 좋은 축구선수가 되고 싶다면 축구에 필요한 기술은 꼭 숙달해야 한다.

3. 피지컬(파워, 스피드, 밸런스, 민첩성)

프로 축구 경기는 전쟁이나 다를 바 없다. 그만큼 몸싸움이 치열해서 선수가 자신의 강점을 보여주려면 강한 피지컬이 요구된다. 여기서 말하는 피지컬은 신장이나 몸무게 등 신체조건을 뜻하는 게 아니라 선수가 경기장에서 싸울 수 있는 파워와 스피드를 뜻한다.

2016년 5월, 만 17세 나이에 아르헨티노주니어스 유스팀에서 성인 팀으로 올라간 선수가 있다. 그 선수의 이름은 니콜라스 곤잘레스Nicolas Gonzalez다. 왼발 킥이 좋고 드리블, 패스 등 축구에 필요한 재능과 기술을 갖춘 미드필더였다. 이 선수는 유소년 시절에 뛰어난 활약을 보였는데, 다음 단계인 청소년팀으로 올라가자 문제가 생겼다. 기술은 훌륭하지만, 몸의 성장이 더뎌서 파워와 스피드가 또래보다 떨어졌던 것이다. 그 결과 14세부터 15세까지 두 시즌 동안 후보 선수 신세였고, 1군 경기보다는 2군 경기에 주로 출전했다. 그러다 15세부터 몸집이 커지면서 다양한 피

지컬 훈련을 거치니 힘이 하루가 다르게 붙기 시작했다. 16세부터는 팀에서 주전으로 자리 잡았고, 17세 나이에 아르헨티노주니어스 성인팀과 3년 계약을 맺고 프로 선수가 되었다.

그와 같이 뛰었던 동료 선수들에게도 한동안 대단한 화제였고, 소속팀의 어린 선수들에게 아주 좋은 동기부여가 된 사건이었다.

피지컬은 선수가 자신의 재능과 능력을 펼치기 위해 꼭 필요한 요소이다.

4. 멘탈(강한 정신력)

자신의 능력을 경기장에서 100% 보여주려면 강한 멘탈이 있어야 한다. 여기서 말하는 멘탈이란 어디가 아픈데도 이를 악물고 뛰는 부상 투혼 같은 게 아니라 집중력, 근성, 승리를 향한 의지 그리고 어떤 상황에서도 흔들리지 않는 평정심을 뜻한다.

나는 멘탈이 축구선수에게 필요한 네 가지 요소 중 가장 중요하다고 생각한다. 판단력, 기술, 피지컬 같은 요소들은 지도자와 선수가 시간을 들여서 훈련하면 좋아질 수 있지만, 멘탈은 선수 스스로가 노력하고 바꾸지 않는 한, 강해지기 어렵다. 훈련으로 좋아질 수 있는 부분이 아니다.

축구선수에게 멘탈이 왜 중요할까? 가령 우리 팀에 스타일이 전혀 다른 중앙 수비수가 둘이 있다고 하자. 두 선수를 매일 지켜보니 한 선수는 기술, 판단력, 피지컬이 괜찮아서 어떤 훈련에서도 늘 좋은 모습을 보여준다. 다른 한 선수는 좋은 신체조건과 피지컬을 갖췄지만, 기술과 판단력이 조금 떨어져서 패스 미스를 하는 등 훈련에서 앞의 선수보다는 부족한 모습을 보여준다.

훈련 과정만 봤을 때, 두 선수 중 첫 번째 선수가 경기에 나가는 것이 당연해 보이지만, 정작 주전 자리를 차지한 건 두 번째 선수였고, 주장까지 맡았다. 실전에서도 연습 때보다 더 나은 경기력을 보여주며 지도자와 동료 선수들로부터 신뢰를 얻고 있다. 왜 이렇게 되었을까? 두 번째 선수는 첫 번째 선수에게 없는 강한 멘탈이 있었다. 훈련할 때는 좀 부족했지만, 경기장에 들어서면 리더십, 의지, 집중력, 근성이 첫 번째 선수보다 압도적으로 좋았다. 정신력이 강하니 본인이 가진 능력보다 더 나은 모습을 보여주었다. 모든 훈련은 경기장에서 잘하기 위해 하는 과정이기 때문에 지도자는 경기장에서 잘하는 선수를 뽑을 수밖에 없는 것이다.

첫 번째 선수는 훈련에선 100점짜리였고, 재능도 있었지만, 멘탈이 약했다. 연습에서 보여주는 모습이 100%라고 해도 실전에서 자신의 능력을 70%밖에 보여주지 못하면 밀릴 수밖에 없다. 큰 무대에서 뛰는 좋은 선수가 되고 싶다면, 강한 멘탈이 꼭 필요하다. 경기장에서 요구되는 멘탈은 훈련을 통해 기르기는 어렵고, 선수 스스로 강한 동기를 찾아야 한다.

어린 선수에게
행복한 축구 환경이란?

축구를 처음 시작하는 아이는 축구 유니폼을 입고 지낼 수 있는 것 자체가 행복의 시작이고, 친구들과 운동장에서 훈련하고 기술을 연마하면서 실력이 느는 자신의 모습을 보면서 성취감을 얻을 것이다. 이런 행복한 축구 환경은 누가 만들어 줄 수가 있을까? 그것은 아이들을 지도하는 지도자의 몫이라고 나는 생각한다.

유소년 지도자는 다양한 축구 기술을 가르쳐줄 수 있는 사람이기도 하지만, 축구를 통해 행복을 가르쳐줄 수 있는 사람이기도 하다. 재미있는 운동만 시켜준다고 행복해지는 건 아니다. 선의의 경쟁을 하게 하고 적절한 동기부여와 칭찬을 할 때 아이들은 힘든 훈련과 경쟁 속에서도 행복을 느끼고 노력한다. 어린 선수에게 중요한 것은 속도보다는 방향이며 성적보다는 성장에 초점을 맞출 때 아이들이 밝게 웃으며 행복해질 수 있다.

한국은 무엇이든 빠른 나라이다. 경제 위기 속에서 어떤 나라보다 빠르게 일어섰고, 늘 새로운 음식, 스마트폰, 자동차가 쏟아져나온다. 빨리빨리 모든 걸 만들어낸다. 그런데 축구는 절대로 빨리 완성할 수 없는 스포츠이다. 인내와 끈기가 필요하다. 유소년 선수 한 명을 발굴해서 프로 선수까지 성장시키려면 선수의 노력도 중요하지만, 지도자, 부모, 구단, 협회가 좋은 환경을 만들어주어야 한다.

축구를 시작할 때는 다들 국가대표 선수를 꿈꾸지만, 시간이 지날수록 꿈은 작아지고 내 장단점이 뭔지도 모르는 상태에서 하루 두세 차례의 훈련을 어쩔 수 없이 반복하며 지내는 아이도 있다. 모든 아이가 축구선수를 꿈꾼다고 다 이룰 수 있는 것은 아니지만, 축구 하는 그 시간만큼은 행복했으면 한다. 비록 프로 선수가 되지 못하더라도 노력하고 경쟁해봐야 후회가 없다고 생각한다. 아르헨티나가 세계적인 스타 플레이어를 많이 배출한 까닭 중 하나는 선수를 위해 기다려줄 수 있는 마음과 시스템, 그리고 그에 맞는 축구 인프라를 갖추고 있어서이다. 축구 강국들은 남의 것을 모방하려 하지 않고 자기 나라에 맞는 것을 찾아 적용하기 위해 노력한다.

앞으로 대한민국이 축구 선진국이 되고 세계적인 축구선수들을 많이 배출하기 위해서는 다른 나라의 보기 좋은 것들만 모방할 것이 아니라 우리나라 축구 인프라에 맞는 시스템을 만들어야 한다. 시간이 걸리더라도 기본부터 정확하게 지키고 실행한다면 대한민국 축구도 희망이 있다고 믿는다.

맺음말

한국을 떠나 외국에서 사는 이민자들이 항상 하는 이야기들이 있다. 이민 생활은 한국에서 지내는 시간보다 2배는 빨리 흘러간다고……

준비할 것도 많고 마음 써야 하는 일이 많아서 하루 24시간이 어떻게 지나가는지 모를 정도로 다들 바쁘게 살아간다. 나를 아는 분들은 내 삶이 한 편의 다큐멘터리 같다고 얘기해주신다. 그만큼 내가 선택한 길이 쉽지 않은 길이고 남들과 다른 삶을 산다는 얘기다. 쉬는 날도 없이 바쁘지만, 나는 이런 삶에 만족하고 감사한다.

20대 초반 가방 두 개 매고 떠난 아르헨티나에서 이렇게 정착할 줄은 몰랐고, 벌써 30대가 되었다. 지금은 어엿한 한 가정의 가장으로 많은 선수를 지도하면서 세계적인 선수를 키우겠다는 꿈을 꾸고 살고 있다. 나는 축구를 너무 좋아하고 사랑한다. 어릴 때부터 축구공을 좋아했고, 축구를 처음 시작한 순간부터 축구를 그만둔 순간까지 후회 없이 노력했다. 지금도 나는 아이들과 같이 뛰는 걸 좋아한다. 오죽하면 내 아내가 축구에 남편을 빼앗긴 것 같다고 질투했을까.

20대 초반 이른 나이에 아르헨티나에 와서 선수로 다시 뛸 기회도 있었지만, 그보다는 선수 생활 동안 겪지 못했던 세상 경험을 하고 싶었다. 아르헨티나에서는 나 혼자 힘으로 다양한 경험을 하려고 노력했고 많은

사람과 만났다. 모든 경험이 신기하고 좋았다.

한국에 있었다면 이렇게 꿈을 꾸며 사는 것이 어려웠으리라 생각한다. 그 이유 중 하나는 부모님의 걱정이다. 모든 부모님은 자식을 너무 사랑해서 늘 자식의 일이 잘못되면 어쩌나 걱정하는 눈으로 바라보신다. 그래서 본인들이 도와줄 수 있는 건 다 해주시려고 하신다. 우리 부모님도 그랬을 것으로 생각한다. 아르헨티나에서 혼자 고생은 했지만, 부모님의 걱정스러운 눈빛을 피할 수 있어서 실패해도 계속 도전할 수 있었다.

아르헨티나에서 보낸 10년은 나를 성장시킬 수 있었던 값진 시간이었다. 나는 잘나지도 똑똑하지도 않지만, 정직하게 살아가는 것이 정답이라고 믿는다. 남에게 상처가 아니라 도움을 줄 수 있는 사람으로 사는 것이 내 인생 목표이기도 하다. 축구를 사랑해서 부모님의 반대를 무릅쓰고 축구를 시작했고, 결국, 축구 때문에 부모님과 떨어져 아르헨티나에서 살고 있다. 부모님만 생각하면 죄송하고 마음이 무겁다. 전화로 부모님이 나에게 하시는 마지막 인사말은 늘 똑같다.

"주변 사람들에게 많이 베풀고 사랑해주면서 살아라."

부모님의 마음과 믿음 덕에 나는 행복하게 살 수 있는 게 아닐까.

책을 통해 내 삶과 내가 사는 아르헨티나 축구 이야기를 한국의 많은 분과 공유하고 토론하고 싶었다. 요즘 언론을 통해 한국 축구 소식을 들어보면 좋은 이야기보다는 그렇지 못한 소식이 더 많이 보여서 안타깝지만, 대한민국 국민이 가진 가장 큰 장점은 뭉치는 힘이라고 생각한다.

어려울수록 작은 것부터 지키려고 노력하고 만들어 가다 보면 대한민국 축구도 세계에서 인정받는 날이 오리라 믿는다.

아르헨티나 유소년 축구 체험기
무엇이 세계 최고 선수를 만드는가

펴낸날 | 초판 1쇄 2017년 12월 8일
지은이 | 박민호
펴낸이 | 김연한
펴낸곳 | GRI.JOA FC(그리조아FC) ※GRIJOA FC는 GRIJOA의 축구책 전문 브랜드입니다.
엮은이 | 편집부
디자인 | 김해연, 김연한
사 진 | Wikimedia CH, Sportivo Barracas, Ronny Anderson Isla Isuiza, Flavio Ensiki, Leandro Ceruti
주 소 | 인천시 계양구 당미5길 7 우남 푸르미아 102-501
전 화 | 032-545-9844
팩 스 | 070-8824-9844
이메일 | fc@grijoa.com
웹사이트 | www.grijoa.com
페이스북 | www.facebook.com/soccerjoa
출판등록 | 2013년 9월 4일 제 25100-2012-000005호

ISBN 979-11-951144-9-8

* 이 책에 등장한 축구인들의 현 소속은 2017년 12월 기준입니다.

* 책값은 뒤표지에 있습니다.
* 파본은 구입하신 곳에서 바꾸어 드립니다.

이 도서의 국립중앙도서관 출판예정도서목록(CIP)은 서지정보유통지원시스템 홈페이지(http://seoji.nl.go.kr)와 국가자료공동목록시스템(http://www.nl.go.kr/kolisnet)에서 이용하실 수 있습니다.(CIP제어번호: CIP2017031480)

BBVA

오늘 이 순간이 내 꿈을 이루기 위한
최고의 시간이 될 수 있도록 행동하라!